Niklaus Brantschen

Mehr als alles

Niklaus Brantschen

MEHR ALS ALLES

Denkanstöße aus
Zen und Christentum

Kösel

FSC
www.fsc.org
The mark of responsible forestry
FSC® C017859

Verlagsgruppe Random House FSC-DEU-0100
Das für dieses Buch verwendete FSC®-zertifizierte Papier
EOS liefert Salzer Papier, St. Pölten, Austria.

Umschlag: fuchs_design, München
Umschlagmotiv und Fotos im Innenteil: Jost von Allmen, Unterseen/Schweiz
Druck und Bindung: CPI Moravia Books s.r.o., Pohorelice
Printed in Czech Republic
ISBN 978-3-466-37056-6

Weitere Informationen zu diesem Buch und unserem gesamten lieferbaren Programm finden Sie unter
www.koesel.de

Inhalt

Liebe Leserinnen und Leser 9

Teil I
STILLE WERDEN UND SICH FINDEN 13

Dem Wunder leise die Hand hinhalten 17
Für eine Kultur der Stille

Homo Faber lässt grüßen 21
Wie finde ich mich selbst?

Das Rezept heißt: Ruhe 25
Die Bedeutung der Brachzeit

Kein Sinn an den Sinnen vorbei 28
Was mehr ist als alles, finde ich in allem

Geld und Geist 32
Ich lasse mich nicht quantifizieren

Staunen – Anfang der Veränderung 35
Die Chance, sich zu erneuern

Du sollst dir kein Bild machen 39
Freiheit, die ich meine

Ein Huhn für 2,99 Euro 42
Wir fressen uns zu Tode!

Die Kunst, Ferien zu machen 45
Weniger ist mehr

Pro- statt Anti-Aging 48
Älter werden ist keine Schande

Teil II
ANDEREN BEGEGNEN UND WELT GESTALTEN 53

C'est le ton … 57
Im Ein-Klang mit allem

Mizaru – Kikazaru – Iwazaru 60
Das Es-geht-mich-nichts-an-Prinzip

Patriarchale Zeit ade 63
Willkommen, Kultur der Partnerschaft

Es weht der Geist des Ostens 67
Über Zen und christliche Mystik

Fukushima ist überall 70
Die zweifache Botschaft Japans

Ananas extra süß 74
Eine kleine Gewissenserforschung

Eine Welt oder keine 77
Für eine Globalisierung der Herzen

Ein Land in den Bergen 80
Die Schweiz ist keine Insel

Wenn der Feind ein Freund ist 84
Das andere Jerusalem

Schwerter zu Pflugscharen 87
Von der Angst zur Hoffnung

Teil III
FESTE FEIERN UND ZEIT HABEN 91

Alles hat seine Zeit 94
Advent ist im Dezember

Ein gar nicht harmloses Fest 97
Wie Weihnachten erschrecken kann

Nie krank ist auch nicht gesund 100
Neujahrswünsche einmal anders

Mögen Sie beweglich bleiben 104
Wünsche zum Jahreswechsel

Geschmack am Leben finden 107
Fasten: Zeit für Leib und Seele

Auferstehen mitten am Tag 110
Ostern geschieht jetzt

Gottes grüner Finger 114
Pfingsten – das Fest des Lebens

Mehr als alles 117
Wenn die Schweiz das »unergründlich Ewige« feiert

Eine Chance interreligiöser Begegnung 120
Dank-, Buß- und Bettag

Time-out statt Burn-out 124
Vom Chronos zum Kairos

Liebe Leserinnen und Leser,

in der vorliegenden Schrift finden Sie in Kurzform, beinahe verdichtet, jene Themen wieder, die mich seit Jahrzehnten beschäftigen und die ich bereits in anderen Büchern und Schriften behandelt habe: Fasten und Ernährung, Zen und interreligiöser Dialog, Tugend als Grundlage ethischen Handelns, Stille als Voraussetzung für ein Engagement im Kleinen wie im Großen.

Die Texte dieses Buches sind nicht am grünen Tisch und nicht in einem von der Welt abgeschiedenen Raum entstanden. Eine Zugfahrt, ein Museums- oder Konzertbesuch, aber auch der Blick auf einen Früchtestand gaben Anlass dazu. Es versteht sich, dass auch Themen des Lassalle-Instituts, das im Lassalle-Haus beheimatet ist, in die Schrift eingeflossen sind. Namentlich das Thema von der Einheit, Verschiedenheit und Einzigartigkeit des Seins. Wir sind alle eins, sehr verschieden und einmalig.

Ursprünglich als Sonntagskolumnen für die *Südostschweiz* geschrieben, verlangten die Texte für diese Edition verschiedene Anpassungen. Dabei habe ich Beiträge mit schweizerischen Themen stehen lassen.

Nicht weil ich meine, die Schweiz sei ein Musterland, von dem andere lernen sollten. Wohl aber weil ich der Ansicht bin, das kleine Land in den Bergen kenne Probleme, wie Migration und nationalistische Tendenzen, die auch für das deutschsprachige Ausland von Interesse sein könnten.

Die Gliederung in drei Teile hat System – und eine kleine Geschichte. Michaela Breit vom Kösel-Verlag und ich saßen in der Augustiner-Brauerei in München und nahmen eine Aufteilung der Beiträge vor. Wir hielten uns an die Stichworte: Ich – Du – Wir, und ließen uns leiten von Pierre Teilhard de Chardin. Er spricht von Zentrierung, bei sich sein, Dezentrierung, zu den andern gehen, Überzentrierung, uns in einem Größeren finden. Und siehe da: Wir stellten mit Erstaunen fest, dass wir beide mit einer Ausnahme die gleiche Gruppierung vornahmen und je zehn Texte den drei Bereichen zuordneten. Die Gliederung ist also nicht zufällig. Dabei ist zu betonen, dass die drei Teile sich zwar unterscheiden, aber nicht zu trennen sind. Wenn das »Mehr als alles« besonders im dritten Teil zu finden ist, leuchtet es immer wieder in den anderen Teilen des Buches auf.

Die Bilder stammen vom Künstler Jost von Allmen. Das Foto auf dem Umschlag mit dem in die Jahre gekommenen Baum mag uns daran erinnern, wie begrenzt unser Leben ist. Die Wasserbilder im Buch ermutigen uns, lebendig und frisch zu bleiben, solange es uns gegeben ist.

Viel Freude beim Lesen und ein erfülltes Leben wünscht Ihnen

Niklaus Brantschen

Lassalle-Haus Bad Schönbrunn
Edlibach/Zug

Teil I

Stille werden und sich finden

Kennen Sie die Geschichte vom Mann, der Angst hatte, sich zu verlieren? Ein Mann, so heißt es, kam in eine große Stadt. Er war verwirrt wegen der vielen Menschen in den Straßen und bekam Angst, dass er sich, wenn er einschlafen würde, beim Erwachen nicht mehr wiederfände. So band er sich abends einen Kürbis ans Fußgelenk, um sich am Morgen wiedererkennen zu können. Ein Spaßmacher, der dies bemerkte, nahm den Kürbis in der Nacht weg und band ihn an sein eigenes Bein. Als unser Mann am Morgen erwachte und den anderen mit dem Kürbis daliegen sah, geriet er in große Verwirrung. Er dachte, er selbst müsse nun der andere sein. Entsetzt rief er aus: »Wenn du ich bist, wer, um Himmels willen, bin dann ich?»

Wer bin ich? Und wie kann ich verhindern, dass ich mir abhandenkomme, mich selbst verliere? Was kann ich tun, dass ich mir und den andern nicht fremd werde? Die Gefahr ist real. Bei vielen Menschen, nicht nur bei Managern, bleibt das bessere Ich oder das, was wir Seele nennen und was im Zen »wahres Selbst« heißt, irgendwo auf der Strecke. Der Verlust schmerzt, und so beginnt die Suche nach Erfüllung, nach mehr Lebensqualität. Und da wir Teil einer »Erlebnisgesellschaft« sind, neigen wir dazu, Qualität mit Quantität zu verwechseln. Wir suchen im Neuen und Neuesten, im Vielen und Vielerlei nach der verlorenen Lebendigkeit. Oder wir bemühen uns, dank einem raffinierten Anti-Aging-Programm ein paar Jahre zusätzlich zu erhaschen, in der Hoffnung, dass sie erfüllter sind als die bisherigen. Doch im Anhäufen von Erlebnissen, die nicht verarbeitet sind, und von Jahren, die nicht gefüllt sind, gewinnen wir das Leben nicht. »Das ist doch kein Leben!«, sagen wir dann, und die Suche beginnt von Neuem. Und falls unser Suchen weiter in die Breite und Länge geht, schließt sich der Kreis. Es ist ein Teufelskreis.

Markus hat im achten Kapitel seines Evangeliums dieses Dilemma auf den Punkt gebracht, wenn er Jesus sagen lässt: »Was nützt es einem Menschen, wenn er die ganze Welt gewinnt, dabei aber sein Leben einbüßt? Um welchen Preis könnte ein Mensch sein Leben zurückkaufen?« Ein verlorenes Leben kann um keinen Preis der Welt zurückgewonnen werden. Der Ansatz muss ein anderer sein. Der Weg zum Leben führt vom Haben zum Sein. Von der Breite und Länge in die Tiefe. Vom Vielen zum Einen und Einmaligen. Dabei gilt: Was mehr ist als alles, finden wir in allem, vorausgesetzt wir suchen und lieben die Stille.

Und damit sind wir präzise beim Thema dieses ersten Teiles. Die folgenden zehn Texte laden ein zur Stille und zur Einkehr. Sie verlocken zum Staunen und zum achtsamen Umgang mit sich, den Dingen und den Menschen. Sie stiften zur Freiheit an und machen Mut, uns zu verändern. Sie zeigen Wege auf, wie wir Ferien gestalten, Brach- und Auszeiten in unser Leben einbauen und in Ehren alt werden können.

Dem Wunder leise die Hand hinhalten

Für eine Kultur der Stille

»Die Berge sind stille Meister und machen schweigsame Schüler.« Dieses Wort von Johann Wolfgang von Goethe aus *Wilhelm Meisters Wanderjahre* sind mir aus dem Herzen gesprochen. Sie decken sich präzise mit der Erfahrung, die ich im Laufe meines Lebens immer wieder machen durfte. Es müssen nicht hohe Berge sein. Auch das Zugerland, meine Wahlheimat, ist wie geschaffen für besinnliche Spaziergänge. Sooft ich in der voralpinen Moränenlandschaft, am Ägerisee oder im Lorzentobel unterwegs bin, stelle ich bereits nach wenigen Schritten fest, dass mein Getue, mein Gehabe, mein Gerede, kurz: meine ganze Geschäftigkeit, von mir abfallen und ich stiller werde.

So ist es auch heute an diesem milden Mainachmittag. Ich steige von der Tobelbrücke in das tief eingeschnittene Tal der Lorze, schlendere dem Wasserlauf nach, halte bei einem Wasserfall, klettere die

Böschung hinunter und setze mich auf einen mit dichtem Moos bedeckten Stein. Ich sitze und lausche dem Rauschen des fallenden Wassers. Der Bach singt. Sein Lied dringt an mein Ohr. Oder umgekehrt, mein Ohr gelangt zur Quelle des Rauschens. Nicht zwei, sondern eins. Nicht draußen *oder* drinnen, sondern draußen *und* drinnen. Ich bin ganz still, stelle mich der Stille, setze mich ihr aus. Sie umfängt und durchdringt mich wie die kühle Brise über dem Bach. Die Zeit tritt zurück, und doch ist sie da. Sie dehnt sich aus in einen unermesslichen Raum. In ihm hat alles Platz. Nichts und niemand ist ausgeschlossen, alles ist mit allem verbunden.

Stille verbindet. Das erfahren Menschen, die zu uns in das Lassalle-Haus kommen und etwa Zen praktizieren, auf eindrückliche Weise. Bereits nach wenigen Stunden oder Tagen nehmen sie wahr, wie sie durchdrungen werden von der gemeinschaftsfördernden, alles verbindenden Kraft der Stille. Sie begegnen Dingen und anderen Menschen auf Du und Du, als wären sie mit allen verwandt – und sie sind es auch. Das im Zen übliche Wort für die Gemeinschaft derer, die miteinander auf dem Weg der Stille sind, lautet Sangha. Es bezeichnet nicht zufällig die Verwandtschaft aller Dinge und aller Wesen untereinander, nicht nur der gegenwärtigen, sondern auch der vergangenen und zukünftigen. Das Wort Familie gibt gut wieder, was mit Sangha gemeint ist, vorausgesetzt, wir verstehen darunter eine Schicksalsgemeinschaft, die trägt, wenn einzelne Mitglieder auf Nähe und Solidarität besonders angewiesen sind.

Sei es ein Spaziergang, sei es diese oder jene Form der Meditation: Es führen verschiedene Wege zur Stille, aber keiner führt an mir selbst vorbei, und keiner kommt ohne geduldige achtsame Wahrnehmung aus. Denn die Pflege der Stille braucht Zeit. Und sie braucht einen Rhythmus: Womöglich eine Woche im Jahr, einen Tag jeden Monat, eine Stunde in der Woche, ein paar Minuten am Tag. Nicht wenige Menschen gönnen sich regelmäßig einen ›Wüstentag‹, einen ganzen Tag mit sich allein in der Stille.

Was tun an einem solchen Tag? Jemand sagte mir: Ich habe an meinem letzten Wüstentag eine Bestandsaufnahme gemacht, eine Art ›Hochrechnung‹, und festgestellt: Wenn es so weitergeht wie im letzten halben Jahr, dann kann ich ausrechnen, wie bald mir die Puste ausgehen wird.

Nicht müde werden lautet der Titel eines Gedichtes von Hilde Domin. Dieser Titel und die kurzen Verse sind wie ein Programm für die Kultur der Stille:

Nicht müde werden
sondern dem Wunder
leise
wie einem Vogel
die Hand hinhalten.

Halten wir dem Wunder der Stille leise die Hand hin wie einem Vogel. Er wird sich an uns gewöhnen, und wir werden sein Lied, den ›Klang des Schweigens‹ vernehmen – auch mitten auf dem Marktplatz des Lebens.

Homo Faber lässt grüßen

Wie finde ich mich selbst?

Da sitze ich in der Bahn von Zürich nach Zug und versuche abzuschalten. Fetzen von Telefongesprächen dringen an mein Ohr. »Es geht mir gut«, höre ich da sagen, »nur ist im Moment gerade sehr viel los.«

Im Moment ist viel los. So höre ich oft klagen. Und, um ehrlich zu sein, im Moment muss auch ich schauen, wie ich über die Runden komme. Die Termine häufen sich, der Kalender ist voll – und ich bin noch stolz darauf. Was macht uns so arbeitsfreudig, um nicht zu sagen arbeitssüchtig? Was bringt uns dazu, uns über die Arbeit zu definieren: Ich arbeite, also bin ich. Ich arbeite mehr, also bin ich mehr?

Arbeit hat einen hohen Stellenwert. Im Beruf aufzugehen, sich ganz damit zu identifizieren, ist vorübergehend und in einer bestimmten Lebensphase stimmig. In einer gut begleiteten Berufsausbildung finden Jugendliche nicht selten zu sich selbst. Was aber, wenn ich in der Arbeit nicht mehr auf-, sondern untergehe, wenn die Arbeit zum Lebensinhalt Nummer eins wird, wenn sich mein Leben ganz auf die Arbeit zentriert?

›Laborzentrismus‹ nenne ich den Versuch, die Arbeit (labor) ins Zentrum zu stellen und alles andere darum herumzuarrangieren: Familie, Freunde, Freizeit, Fun. Alles dreht sich um die Arbeit. Sie ist alles. Der Rest kann warten. Und mein Menschsein geht vor die Hunde. Was ist zu tun? Jammern hilft wenig. Die Arbeitswut verdammen noch weniger. Was nottut, ist eine Besinnung auf das Wesen Mensch. Mit dieser Besinnung mute ich Ihnen, liebe Leserinnen und Leser, eine Portion Philosophie zu – und etwas Latein: Homo, das ist der Mensch.

Glücklicherweise ist der Mensch nicht nur Macher, ein homo faber, wie ihn Max Frisch meisterlich beschrieben hat. Er ist auch ein homo ridens, der immer etwas zu lachen hat. Zumindest über sich selbst könnte er lachen, muss er doch nicht immer schon fixfertig und perfekt sein. Als homo viator darf er mit anderen auf dem Weg sein. Er darf mit ihnen Neues erleben und erwirken. Und so darf er sich als homo socialis erfahren, als Gemeinschaftswesen, das sich auf andere verlassen kann – und auf das Verlass ist. Und als spielender Mensch schließlich, als homo ludens, entdeckt er das Kind in sich.

Dank ihrem inneren Kind gelangen so Frau und Mann spielend aus der Welt des Vermessens und Berechnens in den Raum der Freiheit und des Abenteuers. Von der Welt des Fremdbestimmtseins zur Bestimmung ihrer selbst.

Neben dem Spiel ist die Meditation ein probates Mittel, Mensch zu sein und zu bleiben. Dabei verstehe ich unter Meditation nicht ein Hobby resignierter Individualisten, die vor den Anforderungen des Alltags flüchten. Meditation, die ich meine, ist eine durch entsprechende Übung bewirkte geistig-geistliche Sammlung, eine Zentrierung auf das Wesentliche. Menschen, die gesammelt sind, die gelernt haben, sich zu konzentrieren, bei sich zu sein, sind auch besser bei der Sache und bei anderen Menschen. Sie verschwenden ihre geistige Kraft nicht auf die beliebige Vermehrung unnützer Gedanken, die sie dahin und dorthin tragen. Kurz: Sie leben in der einzigen Zeit, die uns gehört, in der Gegenwart. Sie sind präsent und damit ein Präsent. Wer regelmäßig meditiert, ist eher in der Lage, die alte bewährte Regel zu befolgen: Tue, was du tust, ganz. Sei ganz bei dem, was du tust: wenn du isst, dann esse, wenn du arbeitest, dann arbeite, wenn du spielst, dann spiele, wenn du lachst, dann lache, wenn du weinst, dann weine. Das nenne ich menschlich leben.

Der *homo faber* lässt grüßen. Ich grüße freundlich zurück und sage ihm: Für heute habe ich dich durchschaut. Du bist nicht allmächtig. Denn ich bin auch *homo sapiens,* ein wissendes oder gar weises Wesen. Und ich möchte es immer mehr werden.

Das Rezept heißt: Ruhe

Die Bedeutung der Brachzeit

»Wenn ich Arzt wäre und man mich fragte: Was rätst du?, ich würde antworten: Schaffe Stille.« Dieser Satz von Sören Kierkegaard gibt zu denken. Oder zumindest zu reden. Über Stille, Ruhe und Sammlung wird in der Tat viel gesprochen und geschrieben. Stille oder das Fehlen von Stille ist zum Thema geworden. Der Lärm ist groß. Einem Teppich gleich breitet er sich über die Siedlungsgebiete aus, belastet Mensch und Tier und gefährdet ihre Gesundheit. Körper und Seele reagieren auf den Stress durch zu viel Lärm: Erhöhter Blutdruck, Herzinfarkt, Magengeschwüre, Schlafstörungen und Depressionen sind nur einige der möglichen Folgen. Technische Maßnahmen wie Lärmschutzwände und Flüsterbeläge hinken um Jahre hinter den Lärmschutzverordnungen her. Es ist zu einem Politikum, zu einer gesellschaftlichen Aufgabe geworden, nicht nur entschieden und nachhaltig gegen Luft-, Licht- und andere Umweltverschmutzung zu kämpfen, sondern auch gegen Lärm und für mehr Stille.

Dabei tut sich einiges. Man denke an die Schilder, welche zum Schweigen und zur Stille auffordern. Wir finden sie an Kirchentüren, in bestimmten Eisenbahn-Waggons oder in Krankenhäusern. Die Botschaft ist unmissverständlich, die Zeichen sprechen für sich: ein Handy, mit einem Rotstift durchgestrichen, ein geschlossener Mund mit dem warnenden Zeigefinger davor oder ein kurzes Wort mit Ausrufezeichen – »Pst!«.

Ruhezonen und Orte der Stille entsprechen offenbar einem Bedürfnis. Bedeutet aber, so dürfen wir fragen, die Abwesenheit von Geschwätz schon Schweigen und Stille? Ein Zaun um den Garten garantiert noch nicht gutes Gemüse. Es braucht das Pflanzen und die Pflege. So ist es auch mit der Stille. Den Lärm fernhalten und ihn wo nur möglich vermeiden ist notwendig, genügt aber nicht. Es braucht nicht weniger als eine Kultur der Stille. Es braucht Zeiten der Brache, »Brachzeiten«.

Es gibt ganz unterschiedliche Brachzeiten. Handbücher für Arbeitsgestaltung unterscheiden beim Einsatz von Instrumenten zwischen Zeiten der Hauptnutzung, Nebennutzung und Brachzeiten. Am Beispiel eines Besens erläutert: Nebennutzung meint die Zeit, in der der Besen in Position gebracht wird. Die Zeit, die ein Besen mit Kehren verbringt, ist die Hauptnutzung. Und wenn er in der Ecke steht, genießt er Brachzeit. Es versteht sich, dass Betriebe möglichst vermeiden, ihre Maschinen brachliegen zu lassen. Doch wie ist es, wenn das Arbeitsinstrument ein organisches Ganzes ist wie ein Acker oder ein lebendiges Wesen wie der Mensch? Was dann? Die Bauern des Mittelalters erfanden, inspiriert durch die Bibel, das Brachjahr. Sie gönnten dem Boden nach sieben Jahren der Produktion ein Jahr der Ruhe. Heute ist es für Mitarbeitende etwa an Universitäten, in kirchlichen und anderen Betrieben üblich geworden, sich ein Sabbatical, ein Sabbatjahr, zu nehmen. Eine Auszeit zum Studium, zur Erholung oder Neuorientierung.

Kluge Ärzte verschreiben gehetzten Patienten Ruhe statt Pillen, denn sie wissen: Ruhe heilt. In der Ruhe können die Selbstregulations- und Selbstheilungskräfte ihre Wirkung entfalten. Wenn wir achtsam mit uns umgehen, können wir auch ohne Arzt zur Einsicht kommen, dass Ruhe heilt sowie eine gewisse Art von Stress krank macht. In Zeiten, da wir müde oder krank sind, haben wir ein erhöhtes Ruhe- und Schlafbedürfnis, aber kaum Appetit. Wir möchten uns hinlegen und weniger essen, um dem Körper die Arbeit der Verdauung zu ersparen. Kurz: Wir möchten unsere Ruhe haben. Endlich Ruhe.

Kein Sinn an den Sinnen vorbei

Was mehr ist als alles, finde ich in allem

Unter dem Titel *Die Sehnsucht nach dem Absoluten* lud das renommierte Zürcher Museum Rietberg im Herbst 2011 ein, sich über Mystik ein Bild zu machen. Nach dem Besuch der Ausstellung hielt ich für mich fest: Das Absolute ist nicht zu haben ohne das Relative, das Unbedingte nicht ohne das Bedingte, das Übersinnliche nicht ohne das Sinnliche. Anders gesagt: Sinn ist nicht zu haben an den Sinnen vorbei.

Die Augen nehmen die Welt in ihrer Vielfalt wie durch ein Fenster auf. Sie trinken von dem goldenen Überfluss der Welt. So sah es der große Realist unter den Schweizer Dichtern, Gottfried Keller, und so können wir es an farbigen Herbsttagen erleben.

Der Gehörsinn vermag die vielfältigen Stimmen aufzufangen, auch den ›Klang des Schweigens‹. Dies freilich nur, wenn der Lärm nicht die Ohren betäubt und sie taub macht für den tieferen Sinn.

Im Tasten und nicht im Überlegen und Räsonieren erfassen wir die Welt. Nicht: »Ich denke, also bin ich«, sondern: »Ich spüre den Wind in meinen Haaren, die Sonne auf meinem Gesicht, die Hand meiner Partnerin, meines Partners in der meinen, also bin ich.«

Das Riechen bringt uns die Welt noch näher als das Tasten. Gerüche und Düfte holen längst Vergangenes in die Gegenwart zurück und – uns erinnernd – ins Innere herein.

Das Schmecken ist der innerste der Sinne. Er geht nicht nur unter die Haut, sondern reicht buchstäblich bis in die Eingeweide. Schmecken wird zum Weg, mit der Welt eins zu werden, sie uns einzuverleiben. Das lateinische Wort für ›schmecken – sapere‹ wird übrigens auch für ›Weise-Werden‹ gebraucht. Was wir schmecken, innerlich verkosten, ja geradezu wiederkäuen, das macht uns weise.

Jede Erfahrung mit wachen Sinnen, also jede echte Sinn–Erfahrung, verbindet uns mit der ganzen Wirklichkeit und lässt Freude und Dank in uns aufsteigen. Dabei gilt: Wenn ein Sinn geschwächt ist oder verloren geht, übernimmt ein anderer weitgehend dessen Funktion. Blinde sind Meister im Ertasten und Erspüren von Dingen und Menschen.

So weit, so gut. Doch die Spezies Mensch hat die Fähigkeit entwickelt, mit der Oberfläche vorliebzunehmen. Sozusagen mit Stielaugen herumzulaufen. Gier, Hass und Verblendung nennen dies die Buddhisten. Dagegen ist ein Kraut gewachsen. Es nennt sich Mystik. Religionen aller Zonen und Zeiten haben Wege entwickelt, die Sinne ins Innere zu bringen. Der deutsche Mystiker Angelus Silesius sagt es so:

Wer seine Sinne hat
Ins Innere gebracht,
der hört, was man nicht red't,
und siehet in der Nacht.

Die Sinne ins Innere bringen, bedeutet nicht, dass sie an Schärfe und Klarheit verlieren. Es bedeutet vielmehr, dass wir die Dinge von innen her schmecken und verkosten, wie Ignatius von Loyola zu sagen pflegte. So und nur so wird unser Geist gesättigt und kommt zur Ruhe, wie wiederum Ignatius weiß. Im Schnellverfahren ist das alles nicht zu haben. Es braucht Geduld und Übung. Mit der Zeit bringen uns die Sinne mit der ganzen Wirklichkeit in Verbindung. Mit der inneren wie mit der äußeren. Damit befreien sie uns von einer heillosen Zweiteilung. Also nicht draußen *oder* drinnen, sondern draußen *und* drinnen.

Nicht ich *oder* die Welt, sondern die Welt *und* ich. Nicht Erde *oder* Himmel, sondern Erde *und* Himmel.

Mystik, die ich meine, verbindet die Sehnsucht nach dem Absoluten mit der Liebe zum Alltäglichen. Es ist ein Weg, Sinnliches und Übersinnliches existenziell zu verbinden – und Sinn zu erfahren.

Geld und Geist

Ich lasse mich nicht quantifizieren

Über Boni ist genug geschrieben worden. So dachte ich. Doch seit Kurzem bin ich mir da nicht mehr so sicher. Es drängt mich vielmehr, über dieses Thema zu schreiben. Ich tue es – als direkt Betroffener – in einer für mich ungewohnten satirischen Art. Ganz im Sinne des alten Römers Juvenal, der zu sagen pflegte, es gebe Situationen, in denen es schwerfalle, keine Satire zu schreiben (»Difficile est, satiram non scribere«).

Eine Firma im benachbarten Ausland feiert ein Jubiläum. Ich hatte mündlich zugesagt, das Gastreferat zu halten. Nun kommt ein Brief mit genauen Angaben zu Ort, Zeit, erwarteter Teilnehmerzahl und – Honorar. Wörtlich steht da schwarz auf weiß: »Das Honorar werden wir nach Ihrem Vortrag quantifizieren.« Habe ich richtig gelesen? Mein Referat soll qualifiziert und das Salär entsprechend quantifiziert werden! Ich bin ratlos. Ich solle mich nicht aufregen, raten mir gute Freunde. Das sei jetzt so üblich. Die Veranstalter wollten eben das Beste aus mir herausholen. Wie bitte? Wollen die mich im Ernst mit schnödem Mammon zu Höchstleistungen anspornen, aus mir gar einen spirituellen James Bond machen? Meinen die wirklich, mit Geld meinen Geist aktivieren zu können? Heißt mehr Geld haben, auch mehr Geist haben? Bin nun auch ich unversehens in ein Boni-System geraten?

Und überdies: Quantifizieren! Wie soll denn das geschehen? Welche Kriterien kommen zur Anwendung? Gibt es so etwas wie eine Skala, von ganz links unten bis ganz rechts oben? Von ›Die-Leute-schlafen-ein‹ bis zu ›Alle-klatschen-laut-und-lange‹?

Da kommt mir eine Idee: Als Gastreferent – so wurde mir gesagt – habe ich die Möglichkeit, fünf Personen zum Anlass einzuladen. Ihnen werde ich zehn Prozent meines Honorars in Aussicht stellen und sie so zum Applaudieren animieren. Und wenn ich sie gut platziere – zwei vorn, zwei in der Mitte, eine hinten –, könnte mit etwas gutem Willen sogar ein stehender Applaus möglich sein.

Doch auf fremde Hilfe will ich mich nicht zu sehr verlassen. Selbst ist der Mann, und so werde ich all meine psychologischen Künste anwenden, um die geschätzten Hörerinnen und Hörer mitzureißen. Ich werde sie dort abholen, wo sie sind, werde das Problem umreißen, Lösungsversuche benennen, die Lösung des Problems anbieten und zu einem eleganten Abschluss kommen. Doch die Rhetorik allein bringt es nicht. Die Sache muss im Mittelpunkt stehen, das bin ich mir schuldig. Ich wähle – *Ethik in der Wirtschaft* und gedenke im Referat etwa Folgendes zu sagen:

Ethik ist in, alle reden davon und viele schreiben darüber. Das Wort hat schon fast inflationären Charakter. Im Alltagsgeschäft ist Ethik allerdings noch kaum ein Thema. Und wenn es eines ist, wird Ethik nicht selten mit der Frage verwechselt: Wie komme ich ungeschoren davon? Diese Haltung nenne ich ›Slalomethik‹. Sie hat mit Tugend und Ethik so viel zu tun wie die Dusche mit der Taufe. Für diese Haltung gilt: Moral ist, was legal ist. Als ob Gesetze alles und jedes regeln könnten. Nicht alles, was legal ist, ist ethisch richtig. Für einen Vortrag Boni zu bezahlen, mag vor dem Gesetz in Ordnung sein. Ob es auch richtig ist, bleibt eine offene Frage.

Eines steht fest. Ich lasse mich nicht quantifizieren. Vorträge der besagten Art lehne ich in Zukunft dankbar ab. Stattdessen schreibe ich ein Buch. Da weiß ich, was ich habe. Und das Honorar wird allemal für ein Abendessen reichen – in einem gut qualifizierten Restaurant.

Staunen – Anfang der Veränderung

Die Chance, sich zu erneuern

Wir feierten vor einiger Zeit den runden Geburtstag meines Bruders. Zum Abschied sagte er: »Bleib, wie du bist.« Das freute mich zunächst. Doch dann fiel mir eine Geschichte von Bertolt Brecht ein, und ich wurde nachdenklich: »Ein Mann, der Herrn K. lange nicht gesehen hatte, begrüßte ihn mit den Worten: ›Sie haben sich gar nicht verändert.‹ ›Oh!‹, sagte Herr K. und erbleichte.« Sich selbst treu bleiben, ist eine hohe Tugend. Was aber, wenn diese ›Treue‹ mich stur und unbeweglich macht?

Unweigerlich begann ich, über verpasste Veränderungen nachzudenken. Wenn ich beispielsweise der festen Überzeugung bin, die heutige Jugend sei schlecht, und ich treffe auf einen jungen Menschen, der einem Älteren im Bus den Sitzplatz frei macht, nehme ich es als Ausnahme und bleibe bei meiner Meinung: Die heutige Jugend ist schlecht. Die Chance, meine Meinung zu ändern, ist verpasst. Eine andere verpasste Chance, mein Denken zu verändern, liegt vor, wenn ich Wissen anhäufe, ohne es zu integrieren. Auch diese Haltung, die besagt: »Ich hatte fast recht, jetzt habe ich ganz recht«, bringt keine neue Sicht der Dinge. Und wie ist es, wenn Menschen von einem Extrem ins andere fallen? Wenn sie als ›Bekehrte‹ lauthals verkünden: »Ich hatte total unrecht, jetzt habe ich total recht«? Mit einer Kehrtwende um 180 Grad ändern sie nicht sich selbst, sondern tauschen bloß ein geschlossenes Denksystem gegen ein anderes aus, eine fixe Idee gegen eine andere.

»Wenn der Wind des Wandels weht, bauen die einen Mauern und die anderen Windmühlen.« Dieses chinesische Sprichwort stellt uns vor die Wahl, uns gegen Veränderungen zu wehren oder sie mutig als Chance zu nutzen. Wie aber, so stellt sich die Frage, ist Veränderung möglich, die mich frei, lebendig und tolerant macht? Die Antwort heißt: Staunen.

Staunen ist bekanntlich der Anfang der Weisheit. Ich meine, es ist auch der Anfang echter Veränderung. Im Staunen werde ich mit Unbekanntem konfrontiert, mit etwas, das aus dem Rahmen des Üblichen herausfällt, mit etwas, das mir so noch nicht vorgekommen ist. Das Bekannte und Gewohnte, das Alte, Vertraute wird infrage gestellt. Mehr noch: Ich selber in meiner Seh- und Denkweise, in meinen Gewohnheiten, in meinem Urteil und Vorurteil werde infrage gestellt. Das Staunen ist gar keine harmlose Sache. Wenn ich zu staunen beginne, werde ich von dem, was mehr ist als alles, ergriffen. Das macht nicht selten Angst, weil es für mich ungewohnt ist. Ich werde buchstäblich entsetzt und verliere den vertrauten Boden unter den Füßen. Und schon ziehe ich mich zurück. Ich finde mich mit dem Bestehenden ab, erwarte nichts mehr, erhoffe nichts mehr, verschließe mich jeder Überraschung. Ich stehe still, und wenn ich gehe, dann nur noch auf festgetretenen Wegen, die in kein Neuland und in keine Zukunft führen. Kurz: Ich bleibe ganz der Alte, weil ich Angst habe, mich zu verändern.

Wie kann ich also die Schwellenangst, die Angst vor der Schwelle, hinter der das Leben auf mich wartet, überwinden? Die Antwort heißt ›Begegnung‹. Vorausgesetzt freilich, ich will im Dialog nicht nur das hören, was ich sowieso ›schon immer‹ gewusst habe. Durch offenen Austausch, durch Einsicht in die Welt des anderen, wachsen echte Rücksicht und Weitsicht. Es ändern sich mein Denken, meine Haltung und mein Handeln. Bemerkungen wie: »Ich hatte *teilweise* recht. Dieses *teilweise* Rechthaben ist größer geworden«, oder: »Jetzt sehe ich die Dinge anders, umfassender« – dies alles ist Ausdruck echter Veränderung.

Zu guter Letzt ein Wort aus der mystischen Tradition des Islam: Sagt die Raupe zum Schmetterling: »Du bist auch nicht mehr das, was du warst.« Antwortet der Schmetterling der Raupe: »Aber du bist noch ganz die Alte.«

Du sollst dir kein Bild machen

Freiheit, die ich meine

Vor einiger Zeit nahm ich an einer Podiumsdiskussion zum Thema: »Gottesbilder in Bewegung« teil. Es wurden Fragen diskutiert wie: Ist Gott eine Konstante? Gibt es eine Veränderung der Vorstellung von Gott durch die Entwicklung des Menschen? Was sagt die Bibel dazu?

Die Bibel sagt, du sollst dir kein Bild machen von Gott und keine Darstellungen von irgendetwas am Himmel droben oder auf der Erde unten. Das Bilderverbot bezieht sich demnach auf Gott, auf die Schöpfung, auf den Menschen. Das Verbot hat seinen guten Grund. Denn Bilder, besonders wenn sie fix sind, werden zu Vorurteilen und hindern uns, den anderen Menschen in seiner Einmaligkeit zu entdecken und ihm zu begegnen. Ähnlich ist es mit dem Bild, das wir uns von Gott machen. Es verstellt uns den Blick auf jene Wirklichkeit, von der Johannes vom Kreuz sagt, sie sei ein »Ich-weiß-nicht-Was«. Ich weiß nicht, wer Gott ist. Und wenn ich es doch wissen möchte, laufe ich Gefahr, mir ein Bild zu machen und es zwischen mich und Gott zu schieben. Es kommt zu einer Art Gottesfinsternis, so wie es zu einer Sonnenfinsternis kommt, wenn sich der Mond vor die Sonne schiebt. Diese Gottesfinsternis ist »hausgemacht«. Sie hat mit der Nacht Gottes nichts zu tun, von der die Mystiker sprechen und in der sich Gott geheimnisvoll dem schnellen Zugriff entzieht.

Einmal, vor vielen Jahren, ist mir jedes Bild, das ich von Gott hatte, weggefallen: das Bild des Vaters oder der Mutter oder des Weltenlenkers. Es war nach einer Zeit intensiver Zen-Praxis in Japan. Ich erfuhr grenzenlose Weite. Im Zen Leere, in der christlichen Mystik Nichts genannt. In der Folge konnte ich einfach nicht mehr beten. Ein väterlicher Freund, dem ich davon erzählte, sagte lakonisch: So ist es. Wenn man sich Gott nicht vorstellt, geht es nicht. Und wenn man sich ihn vorstellt, geht es auch nicht. Aber ich solle ruhig weiterbeten. Es werde sich schon geben. Mit der Zeit fand ich zu einem ursprünglichen, einfachen Beten zurück. Ich bete mit und ohne Worte, allein und mit anderen, mit und ohne Vorstellungen, wohl wissend, dass wir gut daran tun, immer wieder die Bilder, die wir uns von Gott, von den Dingen, von Situationen und von

Menschen machen, zu zerbrechen, um die Wirklichkeit selbst zu erfahren. Dabei geht es um nicht weniger als unsere Freiheit.

Gern erinnere ich mich in diesem Zusammenhang an einen Vortrag für einen Lions- Club. Der erste Buchstabe von *LIONS* steht für Liberty, Freiheit. Da ich im Vortrag besonders die ›Freiheit‹ hervorhob, wurde mir im anschließenden Gespräch prompt die Frage gestellt, ob ich denn überhaupt frei sein könne. Als katholischer Priester und Ordensmann sei ich von Rom und vom Orden abhängig. Ganz spontan kam mir die Antwort: »Oh doch, ich bin sehr wohl frei, weil ich gelernt habe, groß und weit von Gott zu denken!« Und ich fügte hinzu: »Großer Gott, große Freiheit, kleiner Gott, kleine Freiheit, kein Gott, keine Freiheit.« Ein enges Verständnis von Gott macht ihn zu einer Projektionsfläche für unsere Wünsche und hohen Ideale, denen wir auf Teufel komm raus nachjagen. Wir tanzen bis zum Umfallen um das Goldene Kalb.

Möglichst ohne Bilder zu leben, erlaubt uns, unvoreingenommen und mit unverstelltem Blick auf Dinge und Menschen zuzugehen. Ihnen mit staunenden Augen zu begegnen, als wär's zum ersten Mal. So mag es uns geschehen, dass wir allen und allem und dem, was mehr ist als alles, neu begegnen, offen, in großer Freiheit und – Verantwortung.

Ein Huhn für 2,99 Euro

Wir fressen uns zu Tode!

»Die Weise, sich zu ernähren, trägt viel dazu bei, den Geist zu erheben oder niederzudrücken.« Dieser Spruch von Ignatius von Loyola hat Tradition. Spirituelle Wege haben ihre Aufgabe immer auch darin gesehen, das Essverhalten zu regeln und die Ernährung in ihr Programm einzubeziehen. Und die Tradition geht weiter. Heute gibt es mehr und mehr Menschen, die jenseits ideologischer Grabenkämpfe ihre Essgewohnheiten hinterfragen und nicht einfach essen, was auf den Tisch kommt. Sie schränken den Fleischverzehr ein, oder sie verzichten ganz darauf. Da überrascht es nicht, dass manche schon eine fleischlose Zeit heraufkommen sehen.

Die Vorstellung einer fleischlosen Zeit ist gar nicht so abwegig, wenn man die einschlägigen Sachbücher zum Thema Fleischverzehr studiert. Die Titel reichen von *Wir fressen uns zu Tode* von Galina Schatalova über *Anständig essen* von Karen Duve und *Tiere klagen an* von Antoine F. Goetschel bis zu *Eating animals* des Erfolgsautors Jonathan Safran Foer. Mit dem Bestseller *Tiere essen* gelingt es Foer, Menschen aufzurütteln und in Rage zu bringen. Täglich erreichen ihn E-Mails wie: »Du Mistkerl! Wegen dir kann ich kein Fleisch mehr essen.« Man könnte dem Absender sagen, er solle Foers Buch nicht lesen. Aber Bestseller werden nun einmal gelesen, und sie sagen uns, dass es keine gute Lösung für Mensch, Tier und Umwelt ist, Milliarden Menschen mit jährlich 50 Milliarden Tieren zu ernähren, wobei Millionen unterernährt bleiben.

Jonathan S. Foer moralisiert nicht. Er nennt Fakten, die allerdings aufhorchen lassen: Der enorm hohe Fleischverbrauch – in den USA sind es 112 Kilogramm pro Person und Jahr – führt zu grauenvoller Tierhaltung und -tötung. Foer erinnert daran, dass 99 Prozent der Nutztiere in Massen gehalten werden. Extensive Tierhaltung belastet zudem in erschreckendem Maße die Umwelt. Die Fakten sind bekannt: Abholzung von Wäldern, hoher Wasserverbrauch, Emission von Treibhausgasen und Erderwärmung.

Man sage nicht zu schnell, das seien amerikanische Verhältnisse. Auch in unseren Breitengraden dominiert die industrielle Tierhaltung, und mit etwas Fantasie kann man sich leicht ausmalen, wie ein Huhn, das für 2,99 Euro zu kaufen ist, gelebt haben muss. Und überdies: Der Zwang zu Tiefstpreisen ist bekanntlich am jüngsten Dioxin-Skandal mitschuldig.

Ob ich mich selbst vegetarisch oder gar vegan ernähre, werde ich gelegentlich gefragt. Nun, ich habe in Japan die vegane Zen-Küche – kein Fleisch, kein Fisch, keine Milchprodukte, keine Eier – kennen und mit der Zeit schätzen gelernt. Sie hat mir an Leib und Seele gutgetan. Inzwischen habe ich übrigens erfahren, dass das Schweizerische Bundesamt für Gesundheit die vegane Küche durchaus als eine Ernährungsalternative sieht. Vorausgesetzt sei allerdings ein »hohes Ernährungswissen«. Doch so kompliziert ist es nicht. Wer achtsam isst, erfährt vom Körper, was dieser braucht und was ihm wohl bekommt.

Es gäbe Wichtigeres als die Ernährung, hat der Arzt und Begründer der neuzeitlichen vegetarischen Ernährung, Max Oskar Bircher-Benner, einmal gesagt. Recht hat er. Dennoch gilt: Der Mensch ist, was er isst. Nach einem Nahrungsmittelskandal – der nächste kommt bestimmt – nicht zur Tagesordnung überzugehen, sich gesund zu ernähren und der Tatsache ins Auge zu sehen, dass eine auf Fleisch basierende Ernährungsweise viel mehr Ressourcen beansprucht als eine andere: Diese Überlegungen stehen einem verantwortungsbewussten Zeitgenossen gut an. Und wer möchte nicht verantwortungsbewusst leben?

Die Kunst, Ferien zu machen

Weniger ist mehr

Endlich Ferien! Wir haben darauf gewartet und möchten sie in vollen Zügen genießen. Dabei sind wir immer wieder in Gefahr, möglichst viel in die schönsten Tage des Jahres hineinzupacken. Wir bringen uns unter Druck und vergessen die bewährte Regel, dass weniger oft mehr ist.

Beim Packen beginnt es. Immer wieder nehmen wir zu viele Bücher mit, die wir dann doch nicht lesen. Und Unterlagen für einen Artikel, den wir dann doch nicht schreiben. Und Seil und Pickel für eine Hochtour, die wir dann doch nicht machen. Wehmütig erinnern wir uns dann vielleicht an den beschwingten Schlager von Conny Froboess: »Pack die Badehose ein ...« Aber schon hat sich der Traum vom leichten Gepäck in Luft aufgelöst, und die Ferien beginnen wie immer mit schwerem Ballast. ›Aktivferien‹ sollten es wo möglich sein. Aktivferien versprechen Abenteuer, Abhärtung und sportliche

Bräune. Wer ihren Verlockungen erliegt, fährt beispielsweise mit dem Fahrrad über Stock und Stein, rast dann zu Tal und durchquert schwimmend einen See. Andere – vor Jahren gehörte auch ich zu ihnen – quälen sich mit dem Fahrrad in einem Tag um den Lago Maggiore.

So paradox es klingt: Wer auf diese Weise Ferien macht, ist im Grunde mehr passiv als aktiv. Denn beschäftigt sein, ein festes, womöglich stures Programm abwickeln, heißt nicht ohne Weiteres aktiv sein. Und diese aktivistische Passivität lässt uns nicht zur Ruhe kommen und Geschmack am Leben finden. Albert Schweitzer behält recht, wenn er sagt, der moderne Mensch sei in einem erschreckenden Maße passiv. Und er ist es auch dann, wenn er sich den Aktivferien verschreibt. Was ist zu tun?

Ich rede nicht einer Plangesellschaft das Wort, doch wird man mir zustimmen, dass es planlos auch nicht geht. So mag es hilfreich sein, vor dem Urlaub in sich hineinzuhorchen und sich zu fragen: Was brauchen mein Körper und meine Seele wirklich? Was kommt in meinem Alltag zu kurz? Die Ferien sind zu kostbar, dass wir in den wenigen Wochen – bei allem dolce far niente – planlos in den Tag hineinleben könnten. Sie sind zu selten, um sie dem Zufall zu überlassen.

Wie ist es aber, wenn ich nicht allein bin, wenn Familienferien angesagt sind? Warum nicht einen ›Ferien-Familienrat‹ einberufen? Dabei schreiben alle Familienmitglieder auf einem großen Blatt Papier ihre Wünsche auf. Vielleicht lassen sich die verschiedenen Wünsche koordinieren. Im Übrigen sollten die einzelnen Familienmitglieder so weit wie möglich ihren eigenen Interessen nachgehen dürfen, ohne dass dies die Harmonie in der Familie infrage stellt. Weniger ist oft mehr. Zum Beispiel könnte es besser sein, nur eine Mahlzeit am Tag gemeinsam einzunehmen, dies aber gut zu gestalten, anstatt mehrmals am Tag alle Familienmitglieder auf denselben Ort und dieselbe Zeit zu verpflichten. Ferienzeit ist zuerst und vor allem freie Zeit. Zeit zum Verweilen, zum Innehalten, zum Staunen!

Doch genug des Planens. Vergessen Sie, was Sie gelesen haben. Vielleicht möchten Sie etwas anderes tun, etwas Verrücktes – nämlich nichts. Setzen Sie sich hin und atmen Sie: einatmen – ausatmen, einatmen – ausatmen, aufatmen! Noch besser: lassen Sie sich atmen. Und Sie erfahren, wie sehr Sie zur Ruhe kommen, ganz präsent sind und wie sehr das Wort von Rose Ausländer zutrifft: »Mein Atem heißt jetzt.«

Pro- statt Anti-Aging

Älter werden ist keine Schande

Kein Zweifel: Ich bin in die Jahre gekommen. Mit meinen bald 75 Jahren lasse ich das ›junge Alter‹ hinter mir und trete in das fortgeschrittene ein und ich hoffe, dereinst noch das ›hohe Alter‹ erleben zu dürfen. Dabei bin ich mir bewusst, dass für viele Menschen altern etwas ist, das man möglichst vermeiden, gegen das man ankämpfen sollte. Anti-Aging ist das Stichwort.

Die Anti-Aging-Bewegung hat sich in den letzten Jahren epidemieähnlich ausgebreitet. Das jung-dynamisch-lustige Idealbild hat, man darf es ohne Übertreibung sagen, ganze Industriezweige auf den Plan gerufen. Pillen, Cremen, Salben und Wellness-Angebote jeder Art sind auf dem Markt. Ein Kloster in Deutschland propagiert erfolgreich ein Anti-Aging-Bier. Die Bücher zum Thema sind nicht mehr zu zählen. Und, man lese und staune, bereits vor zehn Jahren ist in New York ein Buch erschienen mit

Ratschlägen, wie man das Altern von Hunden erfolgreich verzögern kann: Anti aging for dogs.

Was steckt hinter dem Anti-Aging-Boom? Die Frage ist berechtigt. Denn früher und in anderen Kulturen, wie etwa der japanischen, war dieses Denken fremd.

Nun, was immer die Ursachen dieser Zeitkrankheit sind, Fakt ist, dass der Jugendlichkeitswahn durch die Werbung verstärkt wird. Mehr und mehr entsteht der Eindruck: Altern darf nicht sein. Es muss verhindert, ja sogar bekämpft werden. Koste es, was es wolle, und es kostet viel Geld und – Lebensqualität. Um dieser Lebensqualität willen fordere ich: Weniger Anti-Aging, mehr Pro-Aging!

Pro-Aging meint schlicht und einfach, das Alter zu bejahen, statt in einer Young-forever-Mentalität dagegen anzurennen. Das bedeutet unter anderem: Nicht mehr Jahre ins Leben bringen, sondern mehr Leben in die Jahre. Nicht die Lebenserwartung um jeden Preis steigern, sondern die Lebensqualität fördern.

Alt werden gehört zum Leben. Das wissen wir alle, aber wir meinen doch, wir hätten etwas Besseres verdient als Alter und Tod. Und so möchten wir zwar lange leben, aber dabei jung bleiben, als ob Alter eine Schande wäre.

Altern ist keine Schande. Wer das einsieht und zu seinen Jahren steht, wirkt entspannt und ist gesund. Mehr als einmal bin ich in den vergangenen Jahren Frauen, gelegentlich auch Männern, begegnet, die mir plötzlich lebendiger, frischer, authentischer vorgekommen sind als bei einer weiter zurückliegenden Begegnung. Was war passiert? Sie hatten sich entschlossen, ihr Haar zu zeigen, wie es mit den Jahren geworden war: in Würde ergraut. Paradoxerweise waren sie nur so lange ›graue Mäuse‹, wie sie ihr Alter durch rot oder schwarz gefärbtes Haar zu vertuschen versuchten. Wer, was das Alter angeht, sich und anderen etwas vormacht, trauert der verwelkten Jugend nach, statt die Chance zu ergreifen, im Herbst des Lebens zu reifen – trotz oder gerade dank Altersbeschwerden.

Ein beschwerdefreies Alter gibt es nicht. Auch nicht im ›Gesundheitszeitalter‹, das M. Lütz in seinem Buch *Über Risiken und Nebenwirkungen des Gesundheitswahns* aufs Köstlichste charakterisiert hat. Im Alter ermüden wir schneller, die Sinne verlieren ihre Schärfe und die Kommunikation wird trotz Brille und Hörgerät schwieriger. Pointiert lässt sich sagen: Im Alter nehmen alle Sinne ab, nur der Eigensinn nimmt zu. In der Tat, wir treffen gelegentlich alte Menschen, die sehr eigenwillig oder eben eigensinnig sind. Ich kenne aber auch solche, die sich in dieser Phase des Lebens dankbar des Vergangenen erinnern, ohne es zu vergolden. Sie sind weise geworden und strahlen eine Güte und Wärme aus, die die Welt reicher machen.

Teil II

Anderen begegnen und Welt gestalten

In der Stille, so wurde bisher deutlich, finde ich zu mir. In der Stille finde ich auch zu den andern. Denn Stille verbindet. Im Schweigen und in kraftvoller Einkehr erfahren wir die Einheit all dessen, was ist. Der dritte chinesische Zen-Patriarch Sosan sagt: »Eins ist Alles – Alles ist Eins.« In jedem einzelnen Ding und Geschehen, und seien sie noch so unscheinbar, ist alles, ist das Ganze. Diese Einsicht hat in verblüffender Übereinstimmung über Zeiten und Traditionen hinweg Christian Morgenstern, der Dichter der *Galgenlieder,* in der letzten Strophe von *Eins und alles* so zum Ausdruck gebracht:

Meine Liebe ist weit
wie die Seele mein,
alle Dinge ruhen in ihr,
sie alle, alle,
bin ich allein,
und nichts ist außer mir!

Eine Welt, die ich erfahre, als wäre sie ein Stück von mir, besser, eine Welt, die ich bin, bleibt mir nicht gleichgültig. Ich möchte für sie Sorge tragen, sie verantwortlich gestalten. Und ich möchte den Menschen in dieser Welt – wer sie auch sind und woher sie auch kommen – auf Augenhöhe, auf Du und Du begegnen. Dabei versteht es sich, dass diese weltoffene solidarische Haltung nicht zum Nulltarif zu haben ist. Sie verlangt nach einer Spiritualität, die interreligiös ist. Die nicht in der Innerlichkeit stecken bleibt, sondern sich äußert. Die nicht einem heillosen Entweder-oder verfällt, sondern zu einem segensreichen Sowohl-als-auch führt. Wer demnach meint, an der Welt vorbei zu sich selbst zu kommen, wird nie zu sich finden. Und umgekehrt: Wer glaubt, an sich vorbei zur Welt zu kommen, wird sie nie finden. Denn Selbstfindung und Weltfindung gehen zusammen wie einatmen und ausatmen. Wer nur einatmet, erstickt, wer nur ausatmet, verliert sich. Echte Spiritualität erschöpft sich auch nicht im Privaten: Sie findet ihre Vollendung in einem Denken und Handeln, das nicht haltmacht vor lokalen und nationalen Grenzen.

Die Einsicht, dass neben der wirtschaftlichen und kommunikationstechnischen auch eine Globalisierung der Herzen nötig ist, hat Pia Gyger und mich schon vor Jahren an die UNO in New York geführt. Auch unser Jerusalem-Projekt, das am Ende dieses Kapitels zur Sprache kommt, ist Ausdruck davon. Die Überzeugung, dass der Weg in die Zukunft von der Konkurrenz zur Kooperation, vom Gegen- zum Miteinander führen muss, liegt auch den übrigen Texten zu familiären, gesellschaftlichen und politischen Themen zugrunde: die Pflege der Partnerschaft, der Dialog der Kulturen und Religionen, die achtsame Ernährung, die Sorge um die Mit- und Nachwelt, die Solidarität mit Menschen, die etwa von der Katastrophe in Fukushima heimgesucht worden sind. Niemand ist so schwach, dass er oder sie nicht einen Beitrag leisten könnte; niemand ist so stark und mächtig, dass er oder sie nicht der Hilfe bedürfte. Als Glieder der einen Menschheitsfamilie sind wir alle aufeinander verwiesen und angewiesen.

C'est le ton …

Im Ein-Klang mit allem

Ein guter Freund hat mich zu einem Konzert im Kultur- und Kongresszentrum Luzern eingeladen. Auf dem Programm stehen Aaron Coplands Orgelsinfonie und Gustav Mahlers Sinfonie Nr. 5 in cis-Moll. Es spielt die San Francisco Symphony unter Leitung von Michael Tilson Thomas, einem ebenso charismatischen wie charmanten Dirigenten. Was ich schon oft sagen hörte, hier darf ich es erfahren: Es ist der Ton, der die Musik macht – und die Musik macht etwas mit mir.

Es erging mir an jenem Septemberabend ähnlich wie der Hauptfigur Harry Haller in Hermann Hesses Roman *Der Steppenwolf,* den ich als Jugendlicher verschlungen habe. Hesse schreibt: Plötzlich ist mir »die Tür zum Jenseits aufgegangen, ich hatte Himmel durchflogen und Gott an der Arbeit gesehen, hatte selige Schmerzen gelitten und mich gegen nichts mehr in der Welt gewehrt, mich vor nichts mehr gefürchtet, hatte alles bejaht, hatte an alles mein Herz hingegeben«.

Musik nimmt die Angst vor dem Fremden und baut Widerstände ab. Musik verbindet und vereint. Der eigene Körper vibriert mit und wird Teil des Klangkörpers, der den ganzen Konzertsaal zu füllen vermag. In der Sprache des Zen ausgedrückt: Die Hörenden und das Gehörte sind nicht zwei. Sie sind eins und doch verschieden. Wer Musik zu hören versteht oder lange genug meditiert, erfährt sich als einmalig und einzigartig, mit allem und allen verbunden, ja, verschwistert.

Es ist der Ton, der die Musik macht. Das versteht sich. Es sind aber auch die Pausen und die Stille zwischen den Tönen und zwischen den einzelnen Sätzen, die den Zauber der Musik ausmachen. Jeder Ton wird aus der Stille geboren, wird, solange er klingt, von Stille umgeben und klingt schließlich in die Stille hinein. Nicht zuletzt dank der Pausen und der Stille wird die Musik erfahren als ein weiter, offener Horizont, vor dem alles und jedes als unendlich und unfassbar erscheint und zugleich ganz konkret und unverwechselbar ist: Du und ich, der Dirigent, die einzelnen Instrumente und die Menschen, die sie spielen.

»C›est le ton qui fait la musique.« Dieser Satz hat noch eine andere, sprichwörtliche Bedeutung. Und sie hängt mit der ersten zusammen. Gemeint ist die Art und Weise, wie wir miteinander umgehen: Stur oder versöhnlich, barsch oder freundlich, unverbesserlich oder konsensbereit, kurz: verschlossen oder mit wachem, offenem Herzen. Für den angemessenen Ton prägten die Lateiner die Formel: »suaviter in modo, fortiter in re«. Entschieden und klar in der Sache sollten wir sein und umgänglich im Ton. Der gute Umgangston steht uns allen gut an in Gesprächen, Begegnungen und anderen Formen der Kommunikation.

Das Rezept »suaviter in modo, fortiter in re« hat seine Aktualität nicht verloren. Echte Begegnung, ob in Familie, Gesellschaft oder Politik, kann nur gelingen, wenn wir uns im Ton nicht vergreifen, sondern dem Geschäfts-, Gesprächs- oder Lebenspartner mit Achtung und Respekt begegnen. Er oder sie ist Mensch wie du und ich und möchte nicht nur pro forma angehört werden, sondern achtsam und liebevoll, bevor ich meine Meinung zum Ausdruck bringe.

Nach dem Konzert im Luzerner Kultur- und Kongresszentrum habe ich mir vorgenommen, in Zukunft häufiger Musik zu hören. Auch in meinem Zimmer. Beim Musikhören schärft sich mein Musikgehör für die Menschen in der Umgebung – und nicht nur für sie.

Mizaru – Kikazaru – Iwazaru

Das Es-geht-mich-nichts-an-Prinzip

Es geschah am helllichten Tage mitten in Zürich an der Tramhaltestelle Bahnhofquai. Vom Bahnhof her kommend sehe ich aus einem der schönen, neuen Abfalleimer der Stadt eine Rauchwolke aufsteigen. Offenbar hat eine brennende Zigarette den Brand verursacht. Es raucht und raucht und stinkt. Ein junger Mann wirft sogar noch Papier in den Eimer, als wolle er dem Feuer neue Nahrung geben. Und alle anderen schauen zu oder sie schauen weg. Ich bitte die Frau im Kiosk nebenan, die Polizei zu rufen. »Es brennt«, rufe ich ihr zu. Und sie sagt: »Tatsächlich, es stinkt schon die ganze Zeit.«

Ich denke unweigerlich an die drei Affen: nichts sehen, »mizaru«, nichts hören, »kikazaru«, nichts sagen, »iwazaru«. Das Original steht in Nikko, einer der schönsten Städte Japans. Man solle nicht »kekko« (herrlich) sagen, bevor man nicht Nikko gesehen habe, heißt es. Und auch die Affen sind sehr schön. Sie zieren als Schnitzwerk den Eingang zu einem fürstlichen Pferdestall. Die Aufgabe der Affen war es früher, die Ausfahrenden zu ermahnen, die Augen nicht müßig umherschweifen zu lassen, nicht auf das Geschwätz anderer zu hören und nicht nur das Zaumzeug, sondern auch die Zunge im Zaum zu halten.

Inzwischen sitze ich in der Trambahn und sinne über den Bedeutungswandel der Affengeschichte nach. Da ist einmal die Bedeutung: nichts verraten, dichthalten. Für Gefangene etwa ist dieses Prinzip sehr wichtig. Es gehört gleichsam zu ihrem Ehrenkodex. Wer sich daran hält, gehört zur Gruppe. Wer nicht, wird ausgeschlossen. Die Zugehörigkeit zur Gruppe wird mit diesen drei Affen dokumentiert, die allerdings auf drei Punkte reduziert sind. Diese Punkte lassen sich Gefangene in dreieckiger Anordnung auf den Handrücken zwischen Daumen und Zeigefinger tätowieren.

Vom Symbol für eine achtsame, konzentrierte Haltung wandelte sich also die Bedeutung der drei Affen zum Nicht-Verraten bis hin zum Sich-nicht-Einmischen. Damit stehen die drei japanischen Affen heute für Gedankenlosigkeit, Trägheit, fehlende Zivilcourage. Ich will nicht sagen, dass es den Menschen, die damals den brennenden Mülleimer geflissentlich übersehen haben, an Zivilcourage mangelte. Dafür war der Vorfall zu banal. Oder vielleicht doch nicht? Es sind die kleinen, alltäglichen Dinge, in denen sich unsere Haltung äußert: Sind wir achtsam, bereit hinzuhören, hinzusehen, uns einzumischen?

Es ist wie bei der buddhistischen Gestalt Kanzeon, die übrigens einem bekannten Fotoapparat den Namen gegeben hat: Canon. Diese buddhistische Gestalt – sehr ähnlich ihrer christlichen Schwester Maria – steht für grenzenlose Barmherzigkeit. Kanzeon hat viele Augen und sieht die Not der Welt. Im Unterschied zum Fotoapparat nimmt sie aber nicht nur alles wahr, sie handelt, wo Hilfe nötig ist. Ihre vielen Arme sind Ausdruck davon. Kanzeon ist somit das Gegenstück zu den drei Affen, zu denen sich in der Tradition manchmal ein vierter gesellt, der die Hände im Schoß liegen hat. Er ist der Affe, der nichts tut, »shizaru«. Daher meine Empfehlung:

Hände weg von den Augen! Sehen Sie die Menschen an: Wer angesehen wird, bekommt Ansehen.

Hände weg vom Mund (außer beim Gähnen)! Sagen Sie, was gesagt werden muss, ohne es mit Moralin zu vergällen.

Hände weg von den Ohren! Leihen Sie den Menschen ein Ohr und schenken Sie ihnen ein gutes Wort. So werden die anderen und so werden Sie reich beschenkt.

Patriarchale Zeit ade

Willkommen, Kultur der Partnerschaft

Es tut sich etwas in der Begegnung der Geschlechter. Mann und Frau scheinen sich neu zu finden. Selbstverständlich ist das nicht. Noch vor wenigen Jahren konnte der amerikanische Erfolgsautor John Gray in seinem Bestseller *Mars und Venus* sagen, Mann und Frau seien von unterschiedlicher planetarer Herkunft und passten nicht zusammen: Der Mann, der Macher und Macho, vom Mars; die Frau, schön und zart, hilfreich und gut, von der Venus. Die Rollen der Geschlechter waren denn auch fein säuberlich verteilt. Frei nach Schillers Glocke:

Er draußen, sie drinnen.
Er strebt, sie webt.
Er wagt und wettet (an der Börse).
Sie hütet und rettet (was zu retten ist).

Diese Rollenverteilung hat ihre Geschichte. Sie beginnt bei Adam und Eva. Da ist Adam, der Mensch schlechthin. Er hat alles, ist aber einsam. Da lässt sich Gott etwas einfallen. Er versetzt den Menschen in einen narkoseähnlichen Schlaf, operiert ihm eine Rippe heraus und baut daraus die Frau. Es gibt zwar auch einen anderen Schöpfungsbericht, der klarmacht, dass wir als Ebenbild Gottes geschaffen sind: als Mann und Frau. Doch die Story von der Rippe und dem Mann als dem ersten und wichtigsten Menschen hat Geschichte gemacht.

Man sage nicht: Typisch jüdisch-christliches Menschenbild. Alle Hochreligionen sind Männerreligionen. Sie sind in der sogenannten patriarchalen Zeit entstanden, in der sich, nicht zuletzt wirtschaftlich bedingt, bestimmte Rollenverteilungen und Muster eingespielt haben. Auch in der Philosophie der Antike herrscht männliche Denkart vor. Und das schiefe, von diffusen Ängsten geprägte Frauenbild, das seit Augustinus durch die christliche Theologie geistert, ist nur allzu bekannt. Adam, der Mensch, steht für den Geist, den Verstand, den Kopf. Eva steht für die Sinne und die Sinnlichkeit. Sie ist schwächer, verführbarer und sie ist die Versucherin. Deshalb wurde die Frau dem Manne unterstellt, zugleich aber idealisiert, aufs Podest gehoben, besungen und umworben.

Doch zum Glück bleibt nicht alles wie es immer schon war. Die Welt ändert sich und mit ihr die Geschlechterrollen. Frauen werden autonomer, selbstständiger und sind weniger demütig. Männer werden einfühlsamer, nehmen mehr Anteil und sind liebevoller. Frauen sind nicht mehr allein die ›Erzieherinnen zum Frieden‹. Das steht auch den Männern gut an. Frauen sind nicht mehr allein karitativ tätig. Auch Männer sind fähig, nicht nur zu handeln, sondern auch zu ›be-handeln‹. Zusammen mit den Frauen sind sie aufgerufen, ihre schöpferisch bewahrenden, schützenden und fördernden Kräfte zu entdecken, zu entfalten und einzusetzen.

Gleichberechtigung ist angesagt. Und sie tut not. Um es mit einem Bild der Indianer auszudrücken: Die Menschheit ist wie ein Vogel mit den beiden Flügeln Mann und Frau. Wenn die Flügel ungleich entwickelt sind, bleibt sie ein schräger Vogel und kommt nicht vom Fleck.

Die Kultur der Partnerschaft braucht Geduld. Manche Männer finden in der Meditation zu ihrer neuen Rolle – auch und gerade in der Partner- und Vaterschaft. Ich weiß von Frauen, die ihren Männern raten: »Geh mal wieder zur Meditation.« Aber umgekehrt funktioniert es ebenfalls. Auch Männer dürfen Frauen diesen Tipp geben.

Bei einem Spaziergang traf ich kürzlich zwei Männer, einen Türken und einen Franzosen, mit fünf Kindern. Die Männer verstanden es bestens, mit ihren Sprösslingen umzugehen. Im Gespräch sagten sie mir nicht ohne Stolz: »Unsere Frauen haben heute frei.«

Es weht der Geist des Ostens

Über Zen und christliche Mystik

Zurzeit bin ich auf Reisen. Ich reise in Sachen *Via Integralis.* Das ist der Titel eines Buches über die Begegnung von Ost und West, genauer: von Zen und christlicher Mystik. Wo immer ich das Buch präsentiere, finde ich offene Ohren.

Die Begegnung Ost-West ist ein Thema. Heute mehr denn je. Wenn C.G. Jung vor Jahrzehnten noch sagen konnte, der Geist des Ostens stehe vor der Tür, so hat dieser Geist inzwischen unser Haus betreten. Menschen anderer Kulturen und Religionen leben nicht mehr nur in fernen Ländern, sondern mitten unter uns. Und was Zen betrifft, so gibt es auch in unseren Breitengraden nicht wenige Menschen, die diesen Weg ernsthaft und mit großem Gewinn gehen. Die wenigsten stellen sich dabei die Frage, die Jung noch bewegt hat, nämlich ob der Geist des Ostens eine Infektion auslöse oder ein Heilmittel sei.

C.G. Jung hatte in der Tat ein ambivalentes Verhältnis zu Zen. Und so geht es vielen, die wie Jung diesen traditionsreichen Weg nur theoretisch kennen. Die einen haben Angst. Sie befürchten eine unkritische Übernahme fremder Werte nach dem Motto: »ex oriente lux, ex occidente luxus – aus dem Osten das Licht, aus dem Westen nichts als Luxus«. Andere lassen es nicht bei der Warnung bewenden. Sie haben eine fix und fertige Vorstellung von anderen Traditionen und verweigern das Gespräch. Wenn es doch zu Begegnungen kommt, so wollen sie nur das hören, was sie sowieso schon immer gewusst haben. Das aber ist der Tod eines jeden interreligiösen Dialogs.

Allen Bedenken zum Trotz wird im Lassalle-Haus seit Jahren eine interreligiöse Dialogkultur gepflegt. Sie lässt sich so charakterisieren: Nicht Auflösung der inhaltlichen und institutionellen Unterschiede und Polaritäten; nicht Gleichmacherei und Nivellierung, sondern klare Benennung der Unterschiede. Nicht Angst und Abwehr, sondern Mut, den eigenen Standpunkt klar zu vertreten und das Wagnis existenzieller Begegnung einzugehen. Im spirituell-religiösen Dialog mit anderen Religionen und Kulturen erfahre ich immer wieder, wie sehr unsere eigene Tradition einmalig und einzigartig ist. Mir wird aber auch deutlich, dass sie begrenzt und ergänzungsbedürftig ist.

Das Christentum hat sich im Laufe der Jahrhunderte mit dem griechischen Denken, den römischen Verwaltungsstrukturen und dem byzantinischen Hofzeremoniell verbunden. Daraus ist der relativ schwerfällige Apparat Kirche entstanden. Das ist die eine Seite. Die andere ist die eher mystische. Diese ›innere‹ Seite wird heute wieder neu entdeckt, nicht zuletzt dank der Begegnung mit östlichen Wegen.

Die Via Integralis ist ein Weg der Integration von Ost und West. Das Buch möchte Menschen ermutigen, die Zen praktizieren wollen, dies nicht halbherzig, sondern entschieden zu tun. Gleichzeitig mögen sie ihre Identität als Christinnen und Christen, so sie welche sind, neu finden oder besser: erfinden.

Der Geist Nordafrikas steht vor der Tür, so könnte man heute mit Blick auf die Entwicklungen in Tunesien, Ägypten, Libyen sagen. Und auch hier wünsche ich mir, allen Problemen der Unterbringung zum Trotz, etwas weniger Angst und mehr Freude. Weniger Angst vor einem möglichen Ansturm von Menschen anderer Kulturen und Religionen. Und mehr Freude an dem demokratischen Aufbruch der Völker am südlichen Rand des Mittelmeeres.

Fukushima ist überall

Die zweifache Botschaft Japans

Viele Jahre lang weilte ich den Sommer über in Japan, um Zen zu praktizieren. Ich freute mich jeweils, wenn die *Japan Times* am 1. August der Schweiz zum Nationalfeiertag gratulierte. Dabei versäumte sie es nicht, einen Vergleich zwischen den beiden Ländern anzustellen. Beide klein, arm an Bodenschätzen, reich an innovativem Geist und technischen Errungenschaften. Was aber nicht gesagt wurde: Die einseitige Förderung der Kernenergie zugunsten der Unabhängigkeit von Rohstoffimport hat ihren Preis. Für Japan einen hohen Preis. Nie wurde das so deutlich wie in den Frühlingstagen des Jahres 2011.

Japan weiß, dass es auf wackeligem Boden steht. Kleinere oder größere Erdbeben sind an der Tagesordnung. Man hat sich an die Beben gewöhnt und gelernt, damit zu leben. Man hat gelernt, die Gefahr zu verdrängen, der man sich aussetzt, wenn Atomkraftwerke in derart unsicheres Gebiet gestellt werden.

Der Wunsch, nach dem totalen Zusammenbruch von 1945 wieder Anschluss an die Weltwirtschaft zu finden, war einfach stärker als die Warnungen von Experten.

Nun hat die Erde gebebt. Der 11. März 2011 wird im Gedächtnis der Weltgemeinschaft bleiben, wie der 6. August 1945, an dem die erste Atombombe auf Hiroshima fiel, und wie der 11. September 2001, an dem die Zwillingstürme in New York einstürzten. Diese Daten stehen nicht einfach nur für schreckliche Ereignisse. Sie sind wie Mahnmale, die uns sagen wollen: Nie wieder Krieg! Mehr Dialog und weniger Gewalt im *Kampf der Kulturen*! Ausstieg aus der Atomenergie!

Hugo Enomiya Lassalle, der als deutscher Jesuit über 60 Jahre lang in Japan gelebt und dort in unmittelbarer Nähe den Abwurf der Atombombe erlebt und überlebt hat, sagte mir mehr als einmal: »Wenn die Menschheit sich nicht ändert, geht sie kaputt.« Er meinte auch, vielleicht blieben uns massive Katastrophen nicht erspart, weil wir nur auf diese Weise lernten. Gebe Gott, dass wir durch die Lektion, die uns Fukushima erteilt, zu einem veränderten Denken und Handeln finden.

Fukushima ist überall. Was dort geschah, könnte auch hier passieren. Die Menschen spüren das und sie reagieren intuitiv, rufen, wenn Wahlen anstehen, nach Veränderungen. Ohne das schreckliche Geschehen in Japan wären die unmittelbar darauf folgenden Landtagswahlen in Deutschland anders ausgefallen. Nach Hiroshima rüttelt uns das Land der aufgehenden Sonne ein zweites Mal auf. Es drängt uns zu einem veränderten Denken und Handeln.

Die Botschaft von Hiroshima und Nagasaki sowie die von Fukushima hören, ist das eine. Der vielen Opfer zu gedenken, die dieser Botschaft mit ihrem Leben Gewicht verleihen, ist das andere. Dabei verdanken wir gerade Japan mit seiner reichen Meditationskultur einen Weg, auf dem wir die Erfahrung tiefer Verbundenheit machen können. »Eins ist alles, alles ist eins«, lautet ein altes Zen-Wort. In Meditation weiß sich der Mensch verbunden mit allem und allen. Mit seiner eigenen kleinen Welt, mit der Gesellschaft und Kultur, ja mit dem Geschehen auf dem ganzen Globus. Wenn wir ernsthaft Zen praktizieren oder herzhaft beten, entwickelt sich in uns ein Mitgefühl, ein Mitleid, noch besser: eine Mitleidenschaft, die uns die vielen tausend Menschen nahebringt, die durch das Erdbeben und den Tsunami Familienangehörige und Freunde verloren haben, deren Häuser und Städte zerstört sind und die täglich neu mit den Schrecken der atomaren Bedrohung konfrontiert werden. Seien wir ihnen stets nahe im Gedenken und hilfreichen Tun!

Gedenkminuten sind zu den Jahrestagen der Katastrophe angesagt. Mehr noch: Stunden und Tage des Nach- und Umdenkens. Nur so kann die Welt nach Fukushima eine andere werden.

Ananas extra süß

Eine kleine Gewissenserforschung

Ein bisschen mehr Selbstwertgefühl und Selbstvertrauen wünscht die Bundespräsidentin den Schweizerinnen und Schweizern fürs neue Jahr. Wir müssten im Zuge der Globalisierung die drängenden Fragen wie Sicherheit und Umweltschutz zusammen mit anderen Staaten und mit der internationalen Gemeinschaft angehen. Recht hat sie, unsere Bundespräsidentin. Und sie ist in guter Gesellschaft. Seit Marshall McLuhan die Vision vom »global village« entwickelt hat, werden nämlich Verantwortliche in Politik, Wirtschaft und Religion nicht müde, die Metapher zu gebrauchen: Die Welt – ein Dorf! Was ist damit gemeint?

So wie früher an einem Ende des Dorfes alle erfahren haben, was am anderen Ende geschah, so erfahren wir heute in Windeseile, was sich am anderen Ende des Weltdorfes ereignet. Nie zuvor in der Geschichte wussten so viele Menschen so viel über den Rest der Welt. Der Informationsfluss scheint perfekt zu sein im Dorf, das sich *Welt* nennt. Und so, wie früher ein Dorf oder zumindest eine Stadt über einen Marktplatz verfügte, so verschmilzt nicht zuletzt durch die günstigen Transportkosten die Welt zu einem einzigen Markt.

Kürzlich stieß ich auf einen exotischen Früchtestand in der Bahnhofsunterführung in Zürich. Es war, wohl verstanden, an einem dieser kalten Dezembertage, da die Flughäfen in weiten Teilen Europas im Schnee versanken. Die Ware war also nicht einmal nur frisch eingeflogen, sondern musste zudem in umweltbelastenden Kühlhäusern gelagert worden sein. Die Herkunftsländer der Früchte waren fein säuberlich vermerkt: »Ananas aus Mauritius, Ananas extra süß aus Costa Rica, Aprikosen aus Südafrika, Avocados aus Mexiko und aus Peru, Bananen aus Kolumbien und aus Panama, Blueberries aus Argentinien, Erdbeeren aus Ägypten, Feigen aus Peru, Grapefruits aus Florida, Himbeeren aus USA, Kiwi aus Frankreich, Kirschen aus Chile, Mango aus Brasilien, Mango extra aus Australien, Papayas aus Brasilien, Passionsfrüchte aus Kenia ...«

Gegen solche ›Früchte der Globalisierung‹ zu wettern, hilft wenig. Die Globalisierung pauschal zu verdammen, noch weniger. Wir haben jedoch eine wirtschaftlich und kommunikationstechnisch zu einseitig vorangetriebene Globalisierung. Was nottut, ist eine veränderte Sicht der Welt, ein anderes Denken. Und so stelle ich mir in einer Art Gewissenserforschung unter anderem folgende Fragen: Lebe ich aus der Erfahrung, dass alles mit allem zusammenhängt, dass Leben isoliert nicht denkbar ist und dass mein Tun und Lassen, ja sogar mein Denken sich auf alle und alles auswirkt? Dass ich, kurz gesagt, Teil der Menschheit bin?

Fühle ich mich zuerst und vor allem als Bürger, Bürgerin meiner Nation und sind mir nur die Interessen meines Landes wichtig, oder nehme ich mehr und mehr die ganze Welt in den Blick?

Bin ich mir bewusst, dass sich mein Konsumverhalten ökologisch, ökonomisch und kulturell auf den ›Süden‹ auswirkt?

So oder so: Ich werde mich weiter davor hüten, Kirschen aus Chile zu essen, und wenn sie noch so verführerisch aussehen. Wohl aber werde ich mit noch größerer Offenheit auf Menschen anderer Kulturen und Religionen zugehen, um sie besser zu verstehen und von ihnen zu lernen. Wie sagte doch die Bundespräsidentin in der Neujahrsansprache: Schweizerinnen und Schweizer seien gegen den Ausschluss Andersdenkender und für die Integration von Ausländerinnen und Ausländern. Dass wir Ananas extra süß aus Costa Rica essen sollten, hat sie nicht gesagt.

Eine Welt oder keine

Für eine Globalisierung der Herzen

»Die Weltwirtschaft ist aus den Fugen«, so titelte kürzlich *Das Magazin*. Aber auch andere Systeme, wie etwa das Ökosystem, drohen zusammenzubrechen. Selbst das ›System Kirche‹, einst Garant für Beständigkeit, vermag vielen nicht mehr Heimat zu bieten. Nur das Latein könne uns noch retten, sagte mir neulich ein junger Mann in allem Ernst. Die Verunsicherung ist groß. Nicht wenige haben Angst. Sie fürchten, die Arbeitsstelle zu verlieren oder den Wohnraum oder die kulturelle Identität. Diese Angst machen sich gewisse Politiker zunutze. Sie propagieren Abschottung und schüren Fremdenfeindlichkeit. Im Schlepptau von Rechtspopulisten unterzeichnen sie einen Vertrag mit dem Volk. Als ob sie nicht zum Volk gehörten! Dagegen votiere ich für einen Vertrag zwischen den Völkern. Ich plädiere für die Stärkung der UNO. *UNorganisierte Welt!* So lautet ein Buchtitel von Boutros Boutros-Ghali, dem früheren Generalsekretär der Vereinten Nationen. UNorganisierte Welt besagt einerseits, dass sich die UNO dazu berufen weiß, das Gebilde ›Weltdorf‹ zu führen. Sie ist der einzige Ort, wo die Menschheit ein Forum hat, um sich mit weltweiten Problemen auseinanderzusetzen. Ohne sie würde die Welt noch viel schlimmer aussehen und der Friede hätte einen noch schwereren Stand. Der Titel *UNorganisisierte Welt* bedeutet aber auch, dass die Welt unorganisiert bleibt: Die Völkergemeinschaft gibt der UNO nicht die nötigen politischen und finanziellen Mittel, um die Welt zu organisieren, eine »global governance« wahrzunehmen. Diese täte aber not. *Eine* Welt oder keine. *Eine* Menschheit oder keine.

Grenzüberschreitende Probleme verlangen ein grenzüberschreitendes Denken und entsprechende Maßnahmen. Um es in einem Bild zu sagen: In einem gesunden Körper nimmt jede Zelle und nimmt jedes Organ nur so viel für sich wie nötig. Alles andere geht an den Organismus. Ganz anders ist es mit dem ›Organismus Menschheit‹. Er krankt und wird so lange nicht funktionieren, als die Einzelnen vor allem an sich denken. Oder nur bis zum nationalen Tellerrand. Nach dem Motto: Was zählt, bin ich und mein Land.

»Global denken, lokal handeln.« Diese viel zitierte Maxime scheinen nicht wenige Zeitgenossen umzudrehen: lokal denken, global Geschäfte machen. Sie scheinen mir schizophren zu sein. Im Job jetten sie um die Welt und haben mit Menschen in anderen Ländern, mit Ausländern, zu tun, privat klopfen sie rassistische Sprüche. Das ist es nicht, was wir brauchen. Wir brauchen ein Handeln aus der Erfahrung, dass alles mit allem vernetzt ist. Dass Menschen, welcher Herkunft, Hautfarbe und Religion auch immer, miteinander verbunden sind. Auf Gedeih und Verderb. So gesehen haben wir nicht zu viel Globalisierung, sondern zu wenig. Eine ›Globalisierung der Herzen‹ ist gefragt.

Verantwortlich handeln heißt heute nicht mehr nur den privaten Garten, die Bedürftigen im Dorf oder im eigenen Land im Blick zu haben. Entsprechend weit definieren wir im Lassalle-Institut Ethik: »Ethisches Verhalten beinhaltet achtsames Wahrnehmen des Lebens in all seinen Formen, kluges Urteilen und nachhaltiges Handeln. Ethische Entscheidungen werden dialogisch erarbeitet. Sie dienen dem Wohl aller Wesen sowie dem System Erde.« Das ist ein reiches Programm, das der Einübung bedarf, damit es zum Handeln führt. Wer verstanden hat, ohne zu handeln, hat nicht verstanden.

Ein Land in den Bergen

Die Schweiz ist keine Insel

Mitte des 19. Jahrhunderts: Japan gibt die frei gewählte Isolation auf und öffnet seine Grenzen. Das Land ist bemüht, internationalen Anschluss zu bekommen, und empfängt Botschafter aus aller Welt. Auch Schweizer kreuzen auf – und bringen die japanische Regierung in große Verlegenheit. Was das sei, die Schweiz, fragen sie. Nachforschungen ergeben, dass die Schweiz für das Inselland Japan völlig ungefährlich ist: ein kleines Land in den Bergen ohne Hafen.

An diese historische Begebenheit muss ich denken, wann immer über das Minarettverbot diskutiert wird. Und es wird viel diskutiert, nicht nur in der Schweiz, sondern auch in Deutschland und Österreich. Dabei kommt es mir vor, als seien gewisse Gruppierungen dabei, ihr Land neu zu definieren, wenn nicht gar neu zu erfinden: ein Land in den Bergen ohne Minarette. Und ich frage mich: Soll das in

Zukunft das typisch Schweizerische sein? Ist das die Antwort auf die gesellschaftlichen Veränderungen durch die Zuwanderung von Menschen fremder Kulturen und Religionen? Werden wir den rund 400000 Muslimen in der Schweiz gerecht, wenn wir die sichtbaren Zeichen ihrer Präsenz verbieten? Ich meine: Nein. Nicht Ausgrenzung ist angesagt, sondern Integration. Nicht Angst, sondern Mut. Nicht Verdrängung, sondern Dialog.

Dialog der Kulturen lautete der Titel eines Referats, das ich in einer Kirchengemeinde halten durfte. Im anschließenden, angeregten Gespräch tauchte plötzlich die Frage auf: »Wie viel Dialog verträgt der Mensch?« Es gibt Fragen, die mehr auslösen und mehr bedeuten als lange Ausführungen. Dies war eine solche Frage. Wer so fragt, will sagen: Aufgepasst! Ein Dialog, der zu eifrig vorangetrieben wird, könnte in Fremdenfeindlichkeit und Fremdenhass umschlagen. So gesehen ist die Frage berechtigt. Dahinter steht die Sorge, die eigenen Werte und damit die kulturelle Identität zu verlieren: Wer sind wir? Wer sind wir neben Menschen anderer Kulturen und Religionen, die nicht mehr nur in fernen Ländern und Kontinenten wohnen, sondern mitten unter uns und zwar gleichwertig und gleichberechtigt?

Wie viel Dialog verträgt der Mensch? So verständlich diese Frage ist, so falsch und gefährlich ist sie. Wer den Dialog verweigert, neigt dazu, auf Menschen fremder Religionen und Kulturen herabzuschauen, sie zu beurteilen oder gar zu verurteilen und die eigene Sicht der Welt als die einzig richtige anzusehen. Dialogverweigerung – Bis hierher und nicht weiter! – ist bereits Nationalismus und Fundamentalismus, und führt nicht erst dazu.

Die Argumente, Fundamentalisten gebe es vor allem in anderen Religionen und einige islamische Staaten würden den Bau von Kirchen verbieten, verfangen nicht. Wo sollen ›die anderen‹ Toleranz lernen, wenn nicht bei uns, die wir uns als aufgeklärt verstehen und wohl auch sind? Warum sollen wir Unzulänglichkeiten anderer Gesellschaften bei uns wiederholen? Es gibt für uns keine Alternative zum interkulturellen und interreligiösen Dialog.

Nehmen wir mal an, es werde im Jahr 2020 in der Schweiz wieder eine Abstimmung zum Thema Integration geben. Noch einmal werden sich Schweizer und Schweizerinnen mit der Frage konfrontiert sehen, ob sie Angst haben vor Kuppeln, Tempeln und Minaretten. Ich hoffe sehr, die Antwort wird ein Nein sein, denn ›das Volk‹ wird bis dahin gelernt haben, dass Integration nicht bedeutet, Unterschiede zu beseitigen, sondern sie zu feiern, und dass Offenheit und die Bereitschaft, den Fremden zu begegnen und von ihnen zu lernen, uns nicht ärmer, sondern reicher machen.

Wenn der Feind ein Freund ist

Das andere Jerusalem

Diesen Text schreibe ich in Jerusalem. Einmal mehr hat ein Friedensprojekt Pia Gyger und mich zusammen mit einem Team in diese Stadt geführt. Was das denn bringe, fragen uns Menschen, die von unserem Projekt hören. Manche sind beinahe entsetzt und rufen aus: Um Himmels willen, Jerusalem!

Jerusalem, heilige Stadt, Stadt zweier Völker und dreier Religionen, hat aufgrund seiner kulturellen, religiösen und politischen Bedeutung einen hohen symbolischen Wert für Millionen von Menschen. Die Einzigartigkeit der Stadt besteht nicht zuletzt darin, dass sich in ihr die ungelösten Menschheitskonflikte verdichten. Damit ist Jerusalem nicht nur Teil des Problems, sondern auch Teil der Lösung für den Konflikt im Nahen Osten und in der Welt. Doch weder die israelische Regierung noch die palästinensische Führung, weder die USA noch die EU, weder das Nahost-Quartett noch die Genfer Initiative verfügen über eine politische Strategie zur Regelung des Konflikts. Die Situation scheint aussichtslos. Und die Lage ist schwierig für die Menschen hüben wie drüben, in Israel wie in Palästina.

Ein palästinensischer Kirchenvertreter erinnert uns in einer Begegnung an die Geschichte der Mäuse und der Katze. In ihrer großen Not halten die Mäuse eine Generalversammlung ab und beschließen, der Katze eine Glocke um den Hals zu hängen. Auf diese Weise würden alle Mäuse rechtzeitig gewarnt. So weit, so gut. Aber wer bindet der Katze die Glocke um? Es versteht sich, dass für unseren Gesprächspartner die Palästinenser die Mäuse sind und das mächtige Israel die Katze. Erst mein Einwand, es gebe auch auf der anderen Seite Mäuse, die Angst haben – vor dem Iran, vor der Hamas, vor einem neuen Holocaust –, bringt unser Gespräch auf eine andere Ebene: Unser palästinensischer Freund wird nachdenklich und offener für die ›Feinde‹.

Wenn der Feind ein Freund ist. Unter diesem Titel diskutierten in einer Sternstunde des Schweizer Fernsehens unsere wichtigsten Projektpartner, der Politikwissenschaftler Dr. Rami Nasrallah aus Ostjerusalem und der Stadtplaner Professor Shlomo Hasson aus dem westlichen Teil der Stadt. Im TV-Gespräch wurde deutlich: Der Palästinenser Nasrallah und der Israeli

Hasson haben in jahrelangen Auseinandersetzungen über alle ethnischen, politischen, religiösen und kulturellen Grenzen hinweg zu einer engen Zusammenarbeit gefunden. Eine Zusammenarbeit, die nicht nur zu einer persönlichen Freundschaft, sondern auch zu einer realpolitischen Vision geführt hat. Diese lässt sich so zusammenfassen: Jerusalem soll in Zukunft eine einzigartige Hauptstadt zweier Staaten sein – des Staates Palästina und des Staates Israel. Eine offene Stadt, politisch geteilt, physisch ungeteilt. Eine Stadt der Ko-Existenz und des friedlichen Zusammenlebens.

Konkret wird diese Vision zum Beispiel durch gemischte Teams von israelischen und palästinensischen Studierenden, die entlang der Grenze Ost- und West-Jerusalems die konfliktträchtigen Orte ausmachen und Ideen sowie Strategien entwickeln, um diese neuralgischen Punkte in Orte der Kooperation und der Begegnung umzuwandeln. Angesichts des knappen erschwinglichen Wohnraums in der Stadt, besonders in Ostjerusalem, werden neue Quartiere geschaffen, damit sich die israelische und palästinensische Mittelschicht wieder in Jerusalem ansiedelt.

Es ist eine Freude, mit Menschen wie Rami und Shlomo zusammenzuarbeiten und sie mit der internationalen Gemeinschaft zu vernetzen. Jerusalem braucht die Welt – die Welt braucht Jerusalem.

Schwerter zu Pflugscharen

Von der Angst zur Hoffnung

Auf dem Programm unseres diesjährigen Jerusalem-Aufenthaltes steht unter anderem ein Seminar zum Thema »Von einer Kultur der Angst zu einer Kultur der Hoffnung«. Menschen aus Ost- und Westjerusalem gehen in Gruppen der Frage nach, wie sie Angst vermindern und Hoffnung vermehren können. Wieder im Plenum meint Razan, eine junge palästinensische Hebamme aus Ostjerusalem, mit Begeisterung, für sie sei die Geburt eines Kindes ein Bild für den Prozess, den sie alle durchlebten: Angst und Zuversicht, Verzweiflung und Hoffnung, Schmerz und Freude.

Gegen Ende des Tages dann – wir wollen schon abschließen – erzählt die Jüdin Michal von ihrer neuen Einsicht. Sie habe im Laufe des Tages mit Schrecken festgestellt, dass sie in ihrem bisherigen Leben nie das Herz ihrer vom Holocaust traumatisierten Mutter erreichen konnte. Nun sei sie ermutigt, mit ihrer Mutter erneut das Gespräch zu suchen und einen neuen Anfang zu wagen.

Anderntags lese ich in der englischsprachigen Ausgabe von *Haaretz* einen Artikel mit der Überschrift »Unser nie endender Holocaust.« Darin vertritt Merav Machaeli die Ansicht, der Holocaust sei eine Brille, durch die viele Israelis alles und jeden zu betrachten pflegten – in der Gegenwart wie in der Vergangenheit. So habe etwa der damalige Oberrabbiner Israel Meier Leu bei der Holocaust-Gedenkfeier vor drei Jahren Moses als den ersten Holocaust-Überlebenden bezeichnet. Zur Erinnerung: Eine Hebräerin versteckt ihr Kind vor den Häschern des Pharao, der befohlen hatte, alle männlichen Neugeborenen der Israeliten in den Nil zu werfen. Sie legt das Knäblein in ein Binsenkästchen in das Schilf des Nils, wo es gefunden und von der Tochter des Pharao großgezogen wird.

Es ist gut und es ist notwendig, der Millionen Opfer des Holocaust zu gedenken. Wahrhaftig! Doch man darf mit Merav Machaeli fragen, ob es auf lange Sicht ein Vorteil sei, sich vor allem als Opfer eines nie endenden Holocaust zu sehen – von Moses bis heute. Man darf fragen, ob es für ein Land genügt, sich weitgehend über den gemeinsamen Feind in Vergangenheit, Gegenwart und Zukunft zu definieren. Mir scheint, nach nunmehr 20 Aufenthalten in Jerusalem, dass immer mehr Menschen bereit sind, die Holocaustbrille abzulegen. Sie wissen: Das Trauma, bedingt durch die schrecklichen Verbrechen der Nazis und anderer an den Juden, darf nicht mehr zum Angstmachen missbraucht, es will verarbeitet werden. Michal aus unserem Seminar hilft ihrer Mutter dabei. Das ist ein Beispiel für die Verarbeitung auf der individuellen Ebene. Und die kollektive?

Es ist zu hoffen und zu wünschen, dass Israel die Politiker bekommt, die in der Lage sind, aus einer Position der – moralischen – Stärke zu handeln und zu verhandeln und nicht aus Angst zu agieren und Angst zu verbreiten. Anregung für ein solches Handeln fänden sie in ihrer Bibel. Namentlich bei den Propheten Micha und Jesaja finden sich Leitlinien einer friedensfördernden Politik: Schwerter werden zu Pflugscharen umgeschmiedet. Lanzen zu Winzermessern. Man übt nicht mehr für den Krieg. Und jedes Volk betet zu seinem Gott. Das ist ein Programm für Ab- und Umrüstung, für ein Friedensprogramm sowie für interreligiöse Begegnungen.

Menschen wie Michal und Razan sind nicht die Ausnahme. Für sie und viele andere signalisiert das Bild der Geburt einen Anfang voller Hoffnung.

Teil III

Feste feiern und Zeit haben

Es ist üblich geworden, zwischen Meditation als Übung und Meditation als Zustand zu unterscheiden. Meditation als Zustand ist die Haltung, die mich im Alltag trägt. Sie hilft mir, in der einzigen Zeit zu leben, die mir wirklich gehört: in der Gegenwart. Dank ihr ist es mir auch möglich, nicht ängstlich verspannt und erfolglos in den Zeiten herumzuirren, die mir nicht mehr oder noch nicht gehören: Vergangenheit und Zukunft. So verstanden, lässt mich Meditation mitten in dieser Welt und in dieser Zeit präsent sein.

Meditation als Übung verlangt besonders ausgesparte Zeiten und Orte. Auch eine gewisse Disziplin gehört dazu und die Bereitschaft, stimmungsunabhängig zu üben. Also auch dann, wenn ich keine Lust dazu habe. Das ist anspruchsvoll. Und ich verstehe Menschen, die mir sagen: »Ach, ich brauche die Übung nicht. Ich meditiere immer und überall.« Gern frage ich dann zurück: »Meditierst du auch gelegentlich oder nur immer?« Um immer in einer meditativen Haltung zu sein, also Meditation als Zustand zu leben, ist es unerlässlich, sich gelegentlich oder besser, regelmäßig Zeiten für ein »Rendezvous« mit sich selbst, Zeiten der Stille, der Meditation und des Gebetes zu gönnen.

Was für die individuelle Praxis und für die Praxis von Gruppen gilt, das gilt auch für die Gesellschaft. Ich kann mir ein Gemeinwesen nicht vorstellen ohne

Unterbrechung des täglichen Trotts durch Feste, Gedenktage, Feiern mit entsprechenden Symbolen wie Fahnen, Hymnen und ritualisierten Reden.

In unseren Breitengraden sind solche Pausen gegeben durch bestimmte Zeiten wie Advent, Fastenzeit sowie durch Festtage wie Weihnachten, Ostern und Pfingsten. Aber auch Nationalfeiertage und Dank-, Buß- und Bettage gehören dazu. Nicht zu vergessen die Sonntage. Wenn ich diese Tage und Zeiten in den folgenden Texten benenne und sie ehre und würdige und wenn ich anrege, sich mit ihnen auseinanderzusetzen, und wenn ich Lust zu machen versuche, sie zu feiern, dann will ich beileibe nicht den moralischen Zeigefinger heben, um möglichst viele etwa an Ostern in die Kirche zu treiben. Mir tun die Menschen ganz einfach leid, die einem ›rasenden Stillstand‹ ausgeliefert sind. Ihnen rufe ich mit Jewgéni Jewtuschenko zu: »Haltet inne – haltet – bleibt doch stehen!«

Mit dem letzten Text dieses Buches *Time-out statt Burn-out* schlage ich den Bogen zum Einleitungstext, der explizit der Stille gewidmet ist. Suchen Sie die Stille. Sie umfängt und durchdringt uns wie die Luft, die wir atmen, ohne die wir nicht leben können. Nehmen Sie sich Zeit, und Sie werden feststellen: Ohne auszubrennen, werden Sie für eine Sache brennen, für die zu brennen sich lohnt.

Alles hat seine Zeit

Advent ist im Dezember

Es geht auf Weihnachten zu. Das ist überall zu spüren, nicht nur in Gegenden, die man abendländisch und christlich nennt. Allenthalben wird gefeiert, schon Wochen voraus. Die vorweihnachtliche Zeit eignet sich offenbar besonders gut für Events und Partys. So macht etwa ein Reisebüro spezielle Adventsangebote für Kreuzfahrten. Ein renommiertes Restaurant serviert an den Adventswochenenden jeweils ein besonderes Menü unter den klingenden Namen *Ein Hauch von Süden* oder *Orientalisch;* Weihnachten ist ein Allerweltsfest geworden und – es dauert zu lange. Wenn Lebkuchen und Christstollen schon ab August auf dem Tisch liegen, wenn mancherorts bereits Anfang November Straßen und Geschäfte weihnachtlich geschmückt sind, wenn die Adventszeit mit ihren besonderen Farben und Düften künstlich in die Länge gezogen wird, vergeht die Freude am Warten und erst recht am Erwarten. Anders gesagt: Wenn zwischen Herbst und Weihnachten alles Advent ist, dann ist nichts mehr Advent. Dies haben einige Verantwortliche deutscher Landeskirchen bereits vor Jahren erkannt. Sie reagierten mit einer Kampagne zum Schutz der Adventszeit.

Advent ist im Dezember hieß die Aktion. Mit Plakaten wie »Können Sie noch warten?« und mit Broschüren erinnerte die Kampagne an die alte Weisheit, dass alles seine Zeit hat. Eine Zeit, geboren zu werden, und eine Zeit zu sterben, eine Zeit, jung zu sein, und eine Zeit, älter zu werden, eine Zeit, Feste zu feiern, und eine Zeit, auf Feste zu verzichten. Ganz nach dem Motto: Wenn Rebhuhn, dann Rebhuhn, wenn Fasten, dann Fasten. Und das Fasten gehörte, es sei daran erinnert, früher zum Advent. Es war eine Zeit der Einkehr und der Stille, der Vorbereitung und der Erwartung. Laut Kirchenkalender dauert die Adventszeit, je nach Wochentag des Weihnachtsfests, 22 bis 28 Tage, also gute drei, maximal vier Wochen. Eine überschaubare Zeit.

Alles hat seine Zeit – und seinen Rhythmus. Es tut gut, mit abgegrenzten Zeiten, mit Rhythmen, die unser Leben gliedern, zu leben. Es gibt einen Rhythmus des Jahres, einen Rhythmus der Jahreszeiten, einen Rhythmus des Tages. Und es gibt den Rhythmus der Heilsereignisse in den Religionen. Zu den wichtigen

Zeiten des Kirchenjahres gehören die Tage der Vorbereitung auf Ostern, bekannt als Fastenzeit, und eben der Advent.

Die Adventszeit selbst hat ihren ganz eigenen Rhythmus und ihre Gewohnheiten. In der katholischen Kirche sind gerade bei Jugendlichen die Roratemessen wieder beliebt geworden. Das sind Gottesdienste im Schein von Kerzen am frühen Morgen mit vertrauten, sehnsuchtsvollen Adventsliedern wie *Tauet Himmel den Gerechten.* Neben den Roratemessen ist mir persönlich seit meiner Kindheit der dritte Adventssonntag besonders lieb. Er heißt *Gaudete – Freuet euch.* Diese Freude ist durch turbulentes Feiern nicht zu haben. Auch nicht durch ein passives Warten und ein Über-sich-ergehen-Lassen von Advent und Weihnacht. Das Weihnachtsfest will erwartet, ja ersehnt werden.

»Die Sehnsucht Gottes ist der Mensch«, sagt Augustinus. Wenn wir bedenken, dass das Wort Sehnsucht nicht von Suchen oder Sehnen, sondern von siech und von krank kommt, verstehen wir richtig. Gott ist geradezu krank vor Sehnsucht nach uns Menschen. Er hat Heimweh. Geben wir ihm Heimat – und die Chance, neu in diese Welt hineingeboren zu werden.

Advent also als Zeit, in der wir mit Gott schwanger gehen. Ein kühner Gedanke, den ich christlichen Mystikern verdanke.

Ein gar nicht harmloses Fest

Wie Weihnachten erschrecken kann

Es ist Weihnacht. Ausdruck davon sind Lichter in den Straßen und in den Wohnungen; das Bemühen, zu schenken und die Hoffnung, beschenkt zu werden; Aktionen für Menschen in Not – in der Nähe und in der Ferne; der Versuch, menschliche Wärme zu erfahren und zu gewähren, kurz: Mensch zu werden und Mensch zu sein, eingedenk der Nacht, da Gott selbst Mensch geworden ist.

Doch so einfach ist das nicht. Es gab und es gibt Widerstände, wenn Gott in unser Leben treten will. Und es geht nicht ohne Schrecken ab.

In den Erzählungen rund um die erste Weihnacht ist jedenfalls erstaunlich oft von ›Erschrecken‹ die Rede:

Maria erschrak. Sie konnte sich beim besten Willen nicht vorstellen, die Mutter Gottes zu werden. So steht es im Evangelium bei Lukas. Und sie ist nicht die Einzige, die erschrickt, wenn Gott zur Welt kommt.

Zacharias erschrak ob der Nachricht, dass er, beinahe ein Greis, und seine ›Alte‹, Elisabeth, noch ein Kind bekommen sollten. Es verschlägt ihm buchstäblich die Sprache und er verstummt, weil er es einfach nicht glauben kann, dass bei Gott alles möglich ist.

Die Hirten erschraken auf dem Feld von Betlehem ob dem Licht, das sie umstrahlte, und sie fürchteten sich gar sehr, wie uns im Weihnachtsevangelium berichtet wird.

Herodes erschrak und mit ihm erschrak ganz Jerusalem. Er fürchte um seine Macht, da ihn die Sterndeuter fragten, wo denn der neugeborene König zu finden sei.

Und wie reagieren die Menschen auf solches Erschrecken? Die einen reagieren mit Abwehr. Auf besonders grausame Art hat das Herodes getan. Er hat alle männlichen Kinder unter zwei Jahren mit dem Schwert umbringen lassen. Das Fest der Unschuldigen Kinder am 28. Dezember erinnert daran.

Andere stellen sich taub und lassen den Schrecken gar nicht an sich herankommen. So haben jene reagiert, von denen der Prolog des Johannes-Evangeliums berichtet: »Er war in der Welt / und die Welt ist durch ihn geworden, / aber die Welt erkannte ihn nicht. Er kam in sein Eigentum, / aber die Seinen nahmen ihn nicht auf«.

Und wie reagieren wir? Kann uns Weihnachten noch etwas anhaben? Vermag es uns aufzuwecken oder gar zu erschrecken? Weihnachten ist ein Allerweltsfest geworden. An allen Orten der Welt wird es gefeiert. Auch in Japan. Dort gibt es in den Dezemberwochen die Weihnachtspartys. Sie heißen ›Christmasparty‹, oder einfach ›Christmaspa‹. Bei einem solchen Anlass fragte mich eine Studentin in allem Ernst: »Feiern Christen auch Weihnachten?« – »Ja, aber ganz anders«, war meine Antwort. Heute bin ich mir nicht mehr so sicher, ob wir anders feiern als die anderen. Weihnachten ist auch für Christenmenschen relativ harmlos geworden.

Warum sollte es uns erschrecken? Und was meint überhaupt ›erschrecken‹, wenn wir es mit Gott zu tun bekommen?

Es gibt ein Erschrecken, das mit dem intuitiven Wissen zu tun hat, dass die Begegnung mit Gott immer die Wandlung unseres Herzens bedeutet. Davor haben wir Angst. Doch gerade in dieser Angst ist Gott uns nahe und zeigt sich uns, wie er sich Maria und den Hirten gezeigt hat. Möge es uns gegeben sein, das Geschenk, das Gott selbst ist, anzunehmen und uns als Geschenk, das wir sind, weiterzugeben. Wo das geschieht, wird Weihnacht.

Nie krank ist auch nicht gesund

Neujahrswünsche einmal anders

Ein neues Jahr hat begonnen. Und es soll ein gutes, erfülltes, gesegnetes werden. Glück und Erfolg soll es bringen und vor allem, ja vor allem, Gesundheit. Denn das ist schließlich das Wichtigste. Oder vielleicht doch nicht?

Hauptsache gesund. Diese zwei Worte gehen uns wie selbstverständlich über die Lippen. Kein Grund, sie zu hinterfragen. Gesundheit ist uns teuer, buchstäblich. Die entsprechenden Kosten steigen, und die Diskussion, wie sie einzudämmen sind, nimmt kein Ende. Gesundheit ist so etwas wie ein Goldenes Kalb, um das wir tanzen und dem wir gesellschaftlich und privat viel zu opfern bereit sind: Hauptsache gesund! Stimmt das? Ist dieser Spruch, genauer besehen, nicht lebensfeindlich und ist die Haltung, die dahintersteckt, nicht ungesund? Ich wage jedenfalls die Behauptung: Nie krank ist auch nicht gesund.

»Es tut weh, es lebt!«, so rief kürzlich mein Zahnarzt schon fast begeistert, nachdem er meinen Zahn abgeklopft und ich das Gesicht verzogen hatte. Schmerzen und Krankheit gehören zum Leben. Angefangen von den Kinderkrankheiten über schmerzvolle Wachstumskrisen bis zu den Altersbeschwerden. Nicht Gesundheit und Schmerzfreiheit ist das höchste Gut, sondern ein sinnvolles, erfülltes Leben. Ignatius von Loyola, der Gründer des Jesuitenordens, sagt es so: Um zu seinem Lebensziel zu gelangen und also glücklich zu werden, sei es notwendig, sich allen Dingen gegenüber gleichmütig zu verhalten und Gesundheit nicht mehr zu verlangen als Krankheit, langes Leben nicht mehr als kurzes usw. Dabei wusste Ignatius, dass dies ohne Übung nicht geht. Und darum schrieb er die Geistlichen Übungen, bekannt als Exerzitien. In der Schule des Ignatius und in der Übung des Zen lerne ich mehr und mehr, dass es zum Glück nicht die Erfüllung aller Wünsche braucht, dass ich glücklich sein kann auch dann, wenn ich Schweres erlebe, wenn ich zum Beispiel liebe Menschen verliere oder eben krank bin.

In der Neujahrspost fand ich den Brief einer Frau, die eine schwere seelische Krankheit durchgemacht hatte. Sie schreibt: »Durch die Krankheit bin ich ein anderer Mensch geworden, toleranter, gelassener und zufriedener. Ich möchte nicht mehr so sein wie vor der Krankheit.« Mit anderen Worten: Krankheit kann ein Segen sein. Und so wünsche ich Ihnen mit Eduard Mörike die Bereitschaft, neben Erfreulichem allenfalls auch ›Leides‹ anzunehmen:

Herr, schicke, was du willst,
Ein Liebes oder Leides;
Ich bin vergnügt, dass beides
Aus deinen Händen quillt.

Wollest mit Freuden
Und wollest mit Leiden
Mich nicht überschütten!
Doch in der Mitten
Liegt holdes Bescheiden.

Wer nun glaubt, ich würde im neuen Jahr nicht mehr mein Glas mit einem kräftigen »G'sundheit!« erheben, irrt sich. Gesundheit ist, wenn auch nicht das höchste, so doch ein hohes Gut. Es gehört sich, etwas dafür und gegen krank machenden Stress zu unternehmen, etwas weniger zu rennen und mehr müßigzugehen, kurz: das Ganze etwas gemütlicher zu nehmen.

Ein Prosit der Gemütlichkeit! So haben wir als Studenten gesungen. Ob Studierenden heute trotz der Bologna-Reform die Lust zum Singen nicht vergangen ist, kann ich nicht beurteilen. Ich nehme mir jedenfalls fürs neue Jahr vor, vermehrt Muße zu pflegen, um auch die erfreulichen Seiten des Lebens zu sehen, ohne die anderen zu verdrängen. Denn das unterscheidet uns von der Sonnenuhr: Sie zählt die hellen Stunden nur. Wir rechnen mit allem.

Mögen Sie beweglich bleiben

Wünsche zum Jahreswechsel

Ein einziges Mal spreche ich Sie, liebe Leserin, lieber Leser, persönlich an, um Ihnen meine Neujahrswünsche auszurichten. Die Wünsche, die ich meine, sind keine Wünsche für gutes Wetter. Sie haben vielmehr ein erfülltes Leben im Sinn.

Mögen Sie dankbar sein! Das alte Jahr geht zu Ende. Eine Gelegenheit, sich zu erinnern, zu gedenken und zu danken. Solange ich danken kann, bin ich nicht unglücklich. Frische Luft, gesundes Wasser und die vielen kleinen Dienste, die andere mir erweisen, erfahre ich dann als »ge-geben«, als Geschenk. Die Zen-Meditation ist für mich ein Weg, alles und jedes als neu, einmalig, kostbar zu sehen. Die angemessene Antwort darauf ist Dank, der etwa durch eine tiefe Verbeugung zum Ausdruck gebracht wird. In der christlichen Mystik kommt zur Gebärde das Wort und sei es noch so kurz: Wenn »Danke« das einzige Gebet wäre, es würde genügen. So sah es Meister Eckhart.

Mögen Sie mutig sein! Wir stehen an der Schwelle zum neuen Jahr. Schwellen haben es in sich. Sie machen nicht selten Angst, »Schwellenangst«. Meist existiert die Schwelle nur in der Vorstellung. Ich stelle mir zum Beispiel vor, andere Menschen könnten sich fragen, was in mich gefahren sei, da ich eine Veränderung anstrebe, einen neuen Lebensstil wage, mich bewusster ernähren möchte. Doch was soll's? Ich muss mich fragen: Was steht jetzt für mich an, und was hindert mich, es in Angriff zu nehmen?

Mögen Sie beweglich bleiben! Die russische Sportärztin Galina Schatalova pflegte zu sagen: »Laufen Sie los! Wenn Sie nicht laufen können, dann gehen Sie. Wenn Sie keine Kraft zum Gehen haben, dann kriechen Sie. Aber bewegen Sie sich.« Wie halten wir es mit der Bewegung, leiblich, seelisch und geistig? Vielleicht fühlen wir uns müde, fremd bestimmt, festgefahren. Und nun sollen wir voller Schwung ins neue Jahr gehen? Wir sollten es versuchen. Dabei empfehle ich: Nehmen Sie sich, wie Sie sind. Sagen Sie meinetwegen: Ich kann nicht anders. Aber sagen Sie nicht: Ich kann nicht »ich selbst sein« oder werden. Machen Sie es wie die Pflanze. Sie ist ganz sie selbst und hat die Kraft, die Erdkruste oder gar ein Straßenpflaster zu durchstoßen. Eines haben Sie der Pflanze voraus: Sie können sich über Ihre Fähigkeit zum Wachstum freuen.

Mögen Sie die Welt umarmen! In einer Welt, die bei all der wirtschaftlichen Vernetzung dringend eine Globalisierung der Herzen braucht, ist es an der Zeit, sich zu fragen: Was kann ich für die Welt tun? Es ist wie bei einem Organismus. Eine gesunde Zelle gibt ab, was sie nicht braucht. Ein Organ gibt ab, was es entbehren kann. So entsteht der Mikrokosmos Mensch. Beim Makrokosmos Menschheit hapert es. Noch zu viele Zellen, sprich Individuen, denken ausschließlich an sich. Noch zu wenige Organe, sprich Staaten, haben die Menschheitsfamilie im Blick. Wie wird also Ihr Leben durch die Vielfalt der Völker, Kulturen und Religionen bereichert?

Mögen Sie ein Segen für andere sein! Es gebe nichts Größeres für einen Menschen, als ein Segen für andere zu sein, schrieb Ende April 1944 Dietrich Bonhoeffer aus dem Gefängnis. Ein Segen für andere. Damit wir dies sein können, müssen wir selbst gesegnet sein und zwar mit keinem geringeren Segen als dem altbiblischen, den Martin Luther neu belebt hat: Der Herr segne dich und behüte dich. Er lasse sein Angesicht leuchten über dir und sei dir gnädig. Er hebe sein Angesicht über dich und gebe dir Frieden.

Geschmack am Leben finden

Fasten: Zeit für Leib und Seele

Es ist Fastenzeit. Zeit zu fasten – oder wenigstens Zeit, darüber zu reden. Jedenfalls werde ich in diesen Wochen von verschiedenen Seiten gebeten, etwas zum Thema zu sagen oder zu schreiben. Das tue ich jeweils gern, allerdings nicht ohne auch über das Essen ein Wort zu verlieren. Denn beim Fasten wird uns bewusst, wie eng Essstil und Lebensstil zusammenhängen und wie wahr der Satz ist: Der Mensch ist, wie er isst.

Der Mensch ist, wie er isst. Und er isst oft nicht gut. Nicht nur Übergewicht und Fehlernährung sind ein Problem, sondern auch Unachtsamkeit beim Essen. Dabei wird es uns leicht gemacht. Wir brauchen nur etwas Kleingeld, um beinahe an jeder Straßenecke und zu jeder Tages- und Nachtzeit etwas Essbares zu bekommen, das wir uns als Stoffwechselmaterial einverleiben können: Würstchen, Hamburger, Pizza, belegte Brötchen. Neue, ›wurstige‹ Essgewohnheiten haben sich entwickelt, die ihrerseits den Lebensstil der Menschen prägen. Untersuchungen weisen glaubhaft nach, dass Fast-Food-Liebhaber ganz bestimmte Verhaltensweisen an den Tag legen. Sie haben es eilig und sind meist unfähig zu genießen, weil sie viele Dinge gleichzeitig tun wollen und nur essen, um etwas in den Magen zu bekommen.

Die Esskultur ist gefährdet. Und mit ihr die Gesundheit. Abhilfe schaffen kann das Fasten. Vorausgesetzt, es wird richtig verstanden und vollzogen als ein waches, aktives Geschehen. Ich betone wach, denn im Schlaf fasten wir nicht, auch wenn dies das englische Wort für Frühstück nahelegt: »Fasten-Brechen – breakfast«. Ich betone aktiv, denn das passive Nicht-Essen, etwa bei Krankheit, ist Appetitlosigkeit und nicht Fasten. Fasten ist ein Prozess, bei dem Leib und Seele sich darauf einstellen, die Nahrung – ohne sie zu verachten – für eine bestimmte Zeit nicht von außen her, sondern von innen her, aus dem eigenen Depot, zu beziehen. Dabei treten nach anfänglichen, leichteren Beschwerden wie Kopfweh und Hungergefühl, ein angenehmes Gefühl der Leichtigkeit sowie tiefe Entspannung und Ruhe ein.

Beim Fasten und ganz besonders beim achtsamen Fasten-Brechen und Nahrungsaufbau lernen wir auf das Sättigungsgefühl zu achten, das uns das richtige

Maß anzeigt. Zudem ist die Chance gegeben, wieder Geschmack an einfachen Dingen zu bekommen und sie dankbar zu genießen. Nach einer Fastenwoche kann eine Pellkartoffel mit etwas Hüttenkäse zu einem Festessen werden. Ohne aufwendige Zubereitung schmeckt eine Kartoffel wieder wie eine Kartoffel, ein Apfel wie ein Apfel. Das Fasten richtet sich also nicht *gegen* das Essen. Im Gegenteil. Aus einer umfassenden Motivation heraus unternommen, unterstützt Fasten die Fähigkeit, das Essen und Trinken menschenwürdig zu gestalten und den Esstrieb, den ursprünglichsten und grundlegendsten aller Triebe, in Ordnung zu halten oder wieder in Ordnung zu bringen. Fasten kann uns helfen, wieder Geschmack zu finden – Geschmack am Essen und am Leben.

Das Verständnis für das Fasten, diese traditionsreiche, ursprünglich wohl in allen Kulturen und Religionen verbreitete Übung, scheint zu wachsen. Ohne Zögern wage ich zu sagen: Morgen wird man wieder fasten. In zunehmendem Maße finden sich gerade in der vorösterlichen Fastenzeit kleine, oft ökumenische Gruppen, die für kürzere oder längere Zeit fasten. Und sie erfahren: Fasten tut dem Leib und der Seele gut, begünstigt spirituelle Erfahrungen, macht offen für die Mitmenschen, die Umwelt, die Welt überhaupt.

Auferstehen mitten am Tag

Ostern geschieht jetzt

Mit Ostern verbinden wir Frühlingserwachen, erwärmende Sonnenstrahlen, eine Urlaubsreise oder wenigstens den viel gerühmten Osterspaziergang. Darf ich Sie auf einen solchen Spaziergang mitnehmen? Er dauert etwa drei Stunden und führt von Jerusalem nach Emmaus.

Unterwegs holen wir zwei Männer ein. Sie sind niedergeschlagen und betrauern ihren Freund Jesus, von dem sie so viel für sich und ihr Volk erhofft hatten. Unversehens geht Jesus selbst mit ihnen, aber sie erkennen ihn nicht. Er hört zu, fragt nach, stellt das Geschehen in einen größeren Zusammenhang und weitet damit unseren Blick: Schaut doch hin. Lest in den Schriften. Dort steht es: Menschen leiden, auch gute, auch die Propheten. Ja, der Prophet selbst musste leiden und so ins Leben hinein auferstehen.

Wir erreichen Emmaus. Die Freunde Jesu bitten: »Bleibe bei uns, denn es will Abend werden und der

Tag hat sich schon geneigt.« Er lässt sich bitten und kehrt ein. Wir gehen mit. Bei Tisch nimmt er Brot, segnet es, bricht es und gibt es uns. Und da, beim Brotbrechen, erkennen wir ihn, so wie wir seiner Gegenwart innewerden im Brechen und im Essen des Brotes bei der heiligen Messe. Uns gehen die Augen auf: Ah, das ist er, das ist er! Und schon entzieht er sich unseren Blicken.

Die Männer von Emmaus laufen schnell nach Jerusalem zurück, um den anderen zu sagen, dass Jesus lebt, dass sie ihn beim Brechen des Brotes erkannt haben. Wir übernachten im Dorf, lassen das Geschehene in uns nachklingen und halten für uns fest: *Ostern geschieht dort*, wo Schmerz und Leid nicht verdrängt, verleugnet oder überspielt werden.

Ostern geschieht dort, wo wir Menschen finden, die uns zu trösten vermögen, weil sie wissen, wovon sie sprechen. Jesus gehört zu diesen Menschen. Er selbst hat geweint und war zutiefst erschüttert vom Tod des Freundes Lazarus. Er hatte Todesangst, weil er am Ölberg von allen guten Geistern, ja von Gott selbst verlassen war. Jesus war nicht auf das Leiden fixiert. Er hat es weder gesucht, noch hat er es verdrängt. Wohl aber sah er nach hartem Ringen im Tod den großen Übergang. Und das genau vermittelt er den beiden Männern und uns auf dem Weg nach Emmaus. Er stellt das traurige Geschehen in einen weiten Horizont und Sinnzusammenhang.

Ostern geschieht dort, wo die Grenzen durchlässig werden, wo anwesend und abwesend, nah und fern, greifbar und unbegreiflich sich durchdringen. Von Jesus heißt es: Er entzog sich ihren Blicken.

Ostern geschieht dort, wo Menschen sich zu einer Gemeinschaft zusammenfinden, oder besser: zusammengeführt werden. Zu einer Mahlgemeinschaft, auch zu einer eucharistischen.

Ostern geschieht dort, wo wir mitten am Tag zur Auferstehung aufstehen, wie es Marie-Luise Kaschnitz im Gedicht *Auferstehung* sagt. Nicht irgendwann am Jüngsten Tag und nicht irgendwo im Niemandsland und nicht als vergeistigte Wesen stehen wir auf, sondern heute und hier, mit Haut und Haar:

Manchmal stehen wir auf
Stehen wir zur Auferstehung auf
Mitten am Tag
Mit unserem lebendigen Haar
Mit unserer atmenden Haut

Ostern geschieht dort, wo wir im Sinne des schönen Wortes aus dem Hohelied der Liebe zu leben beginnen: »Ich schlief, doch es wachte mein Herz.« Man muss den Satz umdrehen, um ihn besser zu verstehen. Dann heißt er: »Ich wachte, doch es schlief mein Herz.« Wir alle kennen Zeiten, in denen wir mit schlafendem Herzen leben oder besser: gelebt werden. Da tut Ostern gut und wirkt Wunder. Das Halleluja ertönt wieder und wieder wie ein Weckruf: Wachet auf! Stehet auf!

Gottes grüner Finger

Pfingsten – das Fest des Lebens

Pfingsten verbinde ich unweigerlich mit Wachsen und Blühen, kurz: mit der Farbe Grün. Dabei bin ich mir bewusst, dass die Kirche Pfingsten in Rot feiert. Rot ist die Farbe der Liebe, der Vitalität und Sinnlichkeit. Auch des Feuers, das wärmt, reinigt und läutert. Und doch sehe ich bei Pfingsten nicht etwa rot. Ich sehe grün. Damit weiß ich mich in guter Gesellschaft mit Menschen, die sich der Mystik und Poesie verbunden fühlen.

»Gottes grünen Finger« nennt Hildegard von Bingen den pfingstlichen Geist. Für sie ist er »immergrün«. Sie spricht von der »Grünkraft der Erde« und hält schließlich fest: »Der lebendige Geist geht aus, wird grünender Leib und bringt seine Frucht: Das ist das Leben.« Leben ist isoliert nicht denkbar. Es ereignet sich in einem subtilen Netzwerk mit einem ständigen Austausch von Energie und Information. Es ist auf das globale Zusammenspiel von verschiedensten Elementen, wie etwa dem Wärmehaushalt in den Meeren und in der Atmosphäre, angewiesen. Diese Einheit allen Lebens ist uns vorgegeben. Wir können sie nicht ›machen‹. Wir können uns aber der grundlegenden Vernetzung der einen Welt innewerden und für sie Sorge tragen. Sind wir doch mit ihr verbunden auf Leben und Tod. Aus der Erde sind wir genommen, von ihr nehmen wir unsere Nahrung, aus ihr holen wir die Luft zum Atmen.

Sie ist wie eine Mutter, die uns Leben spendet. Uns diesem Leben zu öffnen, mit allen Sinnen, ist sinnvoll. Buchstäblich, denn es führt kein Weg zum Sinn, es sei denn über die Sinne.

Dabei gilt es, mit den äußeren auch die inneren Sinne ins Spiel zu bringen. Wer die Dinge von innen her schmeckt und verkostet, ihren Duft aufnimmt, sie achtsam berührt, sie erlauscht und staunend wahrnimmt, bringt die Welt über die Sinne ins Innere. Das Sehen wird zum Schauen, das Hören zum Horchen, das Tasten zum Ergreifen und Ergriffensein, das Riechen und Schmecken zum Kosten und Verkosten. Wer so lebt und erlebt, erfährt pfingstlichen Geist.

Als eine zarte, wohltätige, menschenfreundliche Kraft beschreibt die Bibel den Geist. Aber auch als eine Kraft, die nicht zu bremsen ist, die alles durchdringt und die wie der Wind weht, wo sie will. Wen wundert's, dass so viel Ungestüm und Unberechenbarkeit – ähnlich wie ausschlagende Hecken und anderes Grünzeug – der Zähmung bedürfen. Sie rufen geradezu nach amtlichen Instanzen, welche die schier unmögliche Aufgabe haben, das Leben, das unbändige, in Schranken zu halten. Dabei tun die Hüter der Ordnung nicht selten des Guten zu viel. Leo Tolstoi sagt es so: »Alle Kirchen, katholische, orthodoxe und protestantische, sind Wächter, die sorgfältig einen Gefangenen bewachen, während dieser Gefangene längst fort ist ... Die Lehre ist so weit zurückgeblieben, dass die Menschen der Welt die Stimme der Kirche nicht mehr hören.« Die Kirchengeschichte lässt sich in der Tat als Balanceakt zwischen Amt und Charisma verstehen, womit nicht gesagt ist, dass Amtsträger nicht auch Charisma haben und charismatisch Bewegte nur Chaoten sind.

Grün ist die Farbe der Hoffnung, und diese stirbt bekanntlich zuletzt. Ich traue dem immergrünen Geist Gottes zu, uns vor dem Verdorren zu bewahren und uns zu befähigen, begeistert im Dienste des Lebens zu stehen.

Mehr als alles

Wenn die Schweiz das »unergründlich Ewige« feiert

Am Schweizer Nationalfeiertag wird die Landeshymne gesungen. Oder besser: sie wird gespielt. Denn die wenigsten kennen den Text. Zu meiner Schande muss ich gestehen, dass auch ich beim Singen kaum über die erste Strophe hinauskomme. Zu sehr habe ich mich an die alte Hymne gewöhnt. In der Schulzeit haben wir mit mehr oder weniger erhobener Brust von der Freude am Streit gesungen: »Rufst du, mein Vaterland, sieh uns mit Herz und Hand ... freudvoll zum Streit.«

Die alte Hymne hat ausgedient. Doch es war weniger der kriegerische Ton, der sie zu Fall gebracht hat, als die Tatsache, dass der Text zur Melodie von *God Save the Queen* gesungen wurde. Urdemokratisches Denken verträgt sich nicht mit royalistischen Tönen. Und so erklärte der Bundesrat nach einigem Hin und Her am 1. April 1981 das psalmähnliche Lied *Trittst im Morgenrot daher* zur neuen Landeshymne. Die Begründung: Die 1841 im Kloster Wettingen entstandene Hymne sei »eine unverwechselbare und rein schweizerische Schöpfung«.

Wo die alte Hymne zu Kampf und Streit ruft, fordert die neue zum Beten auf: »Wenn der Alpenfirn sich rötet, betet, freie Schweizer, betet!« Doch wie betet man in einer Ära, die sich postchristlich nennt? Das Gebet ist für viele zum Problem geworden. Die bislang geläufige Formel, »Beten heißt sprechen mit Gott«, greift nicht mehr. Das Gespräch verlangt nämlich ein Gegenüber, verlangt Wort und Antwort. Gott aber sehen und hören wir nicht, jedenfalls nicht so, wie wir im alltäglichen Gespräch den Gesprächspartner, die Gesprächspartnerin sehen und hören. Gott scheint zu schweigen, und so schweigt auch der Mensch. Er bricht das Gespräch ab und wendet sich wichtigeren Dingen zu. Zu diesen gehört die Arbeit. Nicht *ora et labora* lautet die Devise, nicht *bete und arbeite,* sondern: Arbeite! Allenfalls wird der Dialog mit Gott zum Dialog mit sich selbst und mit anderen, wird zur Reflexion.

So weit, so gut. Aber wer möchte sich schon in Arbeit und Nachdenken erschöpfen? Und so beschleicht uns oft unvermittelt die Ahnung, dass es mehr geben muss als alles. Damit sind wir wieder bei der Landeshymne. Nicht weniger als acht Mal beschwört sie das »fromme Ahnen«. Dieses Ahnen zielt nicht auf einen fernen Gott, der über den Wolken wohnt. Es ist, wie die Hymne sagt, der »unergründlich Ewige«, der uns im Morgenrot entgegentritt, im Nebel wie in wildem Sturm, in der Sonne Klarheit wie im Grauen der Nacht.

Beten ist menschlich. Und es ist notwendig. Es hält die Luke unseres Lebensschiffchens offen, damit wir die Sterne sehen und atmen können. Es vermag »das menschliche Herz aus seinem Schlaf aufzurütteln«, wie der buddhistische Gelehrte Daisetz T. Suzuki sagt. Dabei sollten wir es nicht zu kompliziert machen und beten wie ein Skeptiker: Gott, falls es dich gibt, rette meine Seele, so ich eine habe. Damit helfen wir niemandem, am wenigsten uns selbst.

Es muss mehr geben als alles. Diesem Mehr werden wir nicht mit dem Absingen der Landeshymne und mit Höhenfeuern auf den Bergen gerecht. Es will gefeiert werden. In meiner Walliser Heimat begibt sich am Abend des 1. August die Dorfgemeinschaft – oder wenigstens ein Teil davon – zum Gebet in die Kirche, um anschließend in einem festlichen Rahmen mit den Sommergästen ein Raclette zu teilen.

Eine Chance interreligiöser Begegnung

Dank-, Buß- und Bettag

In der Schweiz wird immer am dritten Sonntag im September Bettag gefeiert. Genauer: Dank-, Buß- und Bettag. Und zwar gesamtschweizerisch. Es dürfen von Staats wegen keine sportlichen Großanlässe durchgeführt werden, und Tanzfeste haben zu unterbleiben. Stattdessen sind Besinnung und Gebet angesagt.

Buß- und Bettage, es gibt sie in verschiedenen Ländern Europas, haben eine lange Tradition. In der Schweiz wurden sie – man gestatte mir diesen kurzen Ausflug in die Geschichte – ursprünglich von kantonalen Behörden in Seuchen- und anderen Notzeiten verordnet. Ausgelöst durch den Dreißigjährigen Krieg, der an der Schweiz vorbei geführt wurde, kam das Danken dazu. Bei der Gründung des Bundesstaates 1848 erhielt der Tag schließlich eine nicht zu unterschätzende nationale Bedeutung: Das junge Pflänzchen Bundesstaat sollte in der christlichen Tradition verwurzelt, der noch fragile Religionsfriede zwischen Katholischen und Reformierten gefestigt werden. Respekt vor den politisch und religiös Andersdenkenden war gefragt. Entsprechend nahmen die sogenannten Bettagsaufrufe zu sittlichen, politischen und sozialen Fragen Stellung. Die Bettagsaufrufe waren eine staatliche Angelegenheit, und das bedeutet in der föderalistischen Schweiz: Sache der Kantone. Heute kennen nur noch wenige Kantone solche Aufrufe. In Graubünden wird das von der kantonalen Regierung herausgegebene Mandat am Sonntag vor dem Bettag – man lese und staune – von der Kanzel verlesen. Und schließlich soll am Vorabend auf Geheiß der Regierung »um 18.00 Uhr mit allen Glocken geläutet werden«.

Beten – staatlich verordnet! Ist das ein alter Zopf, den man abschneiden sollte? Oder lässt sich dieser überkonfessionelle Feiertag allenfalls mit neuen Inhalten füllen? Die Regierung des Kantons Graubünden versucht es. In ihrem diesjährigen Aufruf werden Tugend und Ethik angemahnt. Die Ethik, »eine Art Sprache für das Zusammenleben«, bewähre sich »insbesondere im Kontakt mit Menschen unterschiedlicher kultureller und religiöser Herkunft«. Damit ist das Stichwort gegeben für eine mögliche Aktualisierung des Bettags. So wie im jungen Bundesstaat von 1848 der Bettag eine Art Kitt für den Frieden zwischen den christlichen Kirchen darstellte, so könnte er heute zu einem Tag des Dialogs zwischen Kulturen und Religionen werden. Dieser Dialog ist unerlässlich. Soll es doch Menschen geben, die beim Anblick eines Minaretts am liebsten gleich zum Bajonett greifen möchten. Diese seien daran erinnert, was wir unter interreligiösem Dialog verstehen: Nicht Unterdrückung des Fremden, aber auch nicht Auflösung der inhaltlichen und institutionellen Unterschiede. Existenzielle Begegnung also, wobei der eigene Standpunkt zwar klar vertreten, nicht aber absolut gesetzt wird.

Ist es verwegen, zu hoffen, dass der Bettag zum Impulsgeber für den Dialog wird? Menschen unterschiedlicher Religionszugehörigkeit lernen mehr und mehr, ihren spirituellen Reichtum im Gebet, in der Meditation sowie in der Suche nach Gott oder dem Absoluten zu teilen und voneinander zu lernen. Der buddhistische Gelehrte Daisetz T. Suzuki etwa erinnert uns daran, dass Beten eine »Form des Widerspruchs« ist, da es sich weigert, dem natürlichen Lauf der Dinge Gehorsam zu leisten.

Beten und Danken – ein Weg, sich der normativen Kraft des Faktischen entgegenzustellen. Eine Form auch der öffentlich anerkannten Unterbrechung und eine Gelegenheit zu interkultureller und interreligiöser Begegnung: Möge dies die Botschaft des Bettags in der Zukunft sein!

Time-out statt Burn-out

Vom Chronos zum Kairos

Jede Stunde hat sechzig Minuten, doch wie verschieden erleben wir sie. Eine leidvoll durchwachte Nacht erscheint uns wie eine Ewigkeit. Dann wieder sind Stunden wie im Nu vorbei, etwa in der Nähe eines geliebten Menschen. Man liebt nicht mit dem Blick auf die Uhr. Mit Freunden zusammen stehen wir über der Zeit – wir haben Zeit in Fülle. Für gewöhnlich aber haben wir zu wenig Zeit. Nicht *wir haben Zeit,* die *Zeit hat uns* und hält uns wie in einem Netz gefangen. Der Wecker rasselt, das Frühstück kann warten, der Bus wartet nicht. Die Termine häufen sich, der Kalender ist voll – und wir sind stolz darauf. Zeit verlieren oder gar verschwenden, ist verpönt. Denn: Zeit ist Geld. Das Entstehungsjahr dieser unheilvollen Gleichsetzung ist bekannt: 1748 gab Benjamin Franklin einem jungen Geschäftsmann den Rat: Merke dir gut (remember), Zeit ist Geld (time is money). Der Faktor Zeit wurde zu einem kostbaren Rohstoff, mit dem sich wirtschaften lässt. Das Arbeitstempo wurde in der Folge mehr und mehr beschleunigt. Akkordarbeit ersetzte einen gesunden Arbeitsrhythmus. Karl Marx hat das vorläufige Ende dieser Entwicklung auf den Punkt gebracht: »Die Zeit ist alles«, sagte er, »der Mensch ist nichts.« Nicht zuletzt durch die gegenwärtige Finanz- und Wirtschaftskrise hat sich das Zeit-ist-Geld-Denken noch verstärkt.

Was ist Zeit, wenn sie mehr sein soll als Geld? Nun, alles, was wir tun, hat mit Zeit zu tun, und wenn wir nichts tun, ist sie auch da. Denn sie lässt sich weder vertreiben noch totschlagen. Sie umgibt und durchdringt uns wie die Luft, die wir atmen. Und doch ist sie uns fern. Sie ist überall und sie ist nirgends. Sie lässt sich leicht messen, aber schwer begreifen. Was also ist Zeit und wie können wir genug davon bekommen?

Zeit, die ich meine, ist weniger die gemessene als die mir zugemessene, weniger die eingeteilte als die mir zugeteilte Zeit. Jeremias Gotthelf hat das gnadenhafte Moment der Zeit in seinem Kalender von 1842 treffend charakterisiert: »Der Mensch redet vom Leben diesseits und vom Leben jenseits, von Zeit und Ewigkeit, als ob Zeit und Ewigkeit verschieden wären in ihrem Wesen durch und durch. Doch was ist die Zeit anderes als die ewige Sonne Gottes, die ihre

Strahlen sendet über alle Welten?« Zeit zu verstehen als zeitlichen Strahl der ewigen Sonne, hat etwas Herzerwärmendes und Befreiendes.

Zeit ist demnach mehr als eine chronometrisch bestimmbare Größe. Sie ist mehr als der Chronos, der seine Kinder frisst, wie der Mythos weiß. Zeit ist auch und vor allem – und das ist buchstäblich zu verstehen – eine »Gegeben-heit«. Diesen Geschenkcharakter nennen wir mit Recht »Kairos«. Es ist der erfüllte Augenblick, in dem wir, ganz in der Zeit stehend, frei von Hetze und Hast zu leben und zu wirken vermögen.

Time-out statt Burn-out ist angesagt. Ich kenne Menschen, die sich immer wieder ausdrücklich Zeit nehmen zum Innehalten, zur Besinnung. Ein paar Tage im Monat, ein paar Stunden in der Woche, ein paar Minuten jeden Tag. Und in diesen Stunden und Minuten stellen sie sich gleichsam außerhalb der Zeit. Sie stehen über der Zeit und über dem Betrieb und überblicken von dort die Zeit und den Betrieb. Sie erfahren, dass Auszeiten gut investierte Zeiten sind, denn in ihnen bekommen sie die nötige Distanz zur täglichen Tretmühle. Sie haben immer Zeit, weil sie sich gelegentlich Zeit nehmen. Sie brennen für eine Sache, ohne auszubrennen.

Quellennachweis

S. 20 Hilde Domin, aus: dies., Gesammelte Gedichte © Fischer Verlag GmbH, Frankfurt/Main 1987

S. 112 Marie Luise Kaschnitz ©Iris Schnebel-Kaschnitz